ZEN

EIN LESEBUCH

Herausgegeben von
Ursula Richard und Wolfgang I Waas

Theseus Verlag

Theseus im Internet: http://www.Theseus-Verlag.de

Die Deutsche Bibliothek – CIP-Einheitsaufnahme
Zen : ein Lesebuch / hrsg. von Ursula Richard und
Wolfgang I. Waas. - Orig.-Ausg.. - Berlin:
Theseus Verl., 2000
ISBN 3-89620-157-3

Originalausgabe

Titelgestaltung: Morian & Bayer-Eynck, Coesfeld
unter Verwendung einer Illustration © Hildegard Morian
Gestaltung und Satz: Typografik & Design – Ingeburg Zoschke
Druck: Wiener Verlag, Himberg
Printed in Austria

ISBN 3-89620-157-3

Gedruckt auf alterungsbeständigem Papier mit chlorfrei gebleichtem Zellstoff

INHALT

Einleitung 7

OFFENE WEITE – NICHTS VON HEILIG

ALLTAGSGEIST IST DER WEG

5

DER HÖCHSTE WEG IST UNBESCHWERT

EINLEITUNG

Wir fühlen, daß selbst, wenn alle *möglichen*
wissenschaftlichen Fragen beantwortet sind,
unsere Lebensprobleme noch gar nicht berührt
sind. Freilich bleibt dann eben keine Frage mehr;
und eben dies ist die Antwort.
Die Lösung des Problems des Lebens merkt
man am Verschwinden dieses Problems. Ist nicht
dies der Grund, warum Menschen, denen der
Sinn des Lebens nach langen Zweifeln klar wurde,
warum diese dann nicht mehr sagen konnten,
worin dieser Sinn bestand?

Ludwig Wittgenstein

Zen ist – in aller Bescheidenheit – in erster Linie *nicht* der Name einer neuen Hautcreme, eines neuen Parfums oder Deos, sondern ein Spross des Buddhismus und – dem eigenen Selbstverständnis zufolge – dessen eigentlicher Kern bzw. das Herz jedweder mystisch-religiösen Erfahrung. Historisch lässt sich Zen auf das Zusammentreffen von Buddhismus und Taoismus im China des 6. und 7. Jahrhunderts unserer Zeitrechnung zurückführen, auch wenn der Gründungsmythos die Geburt des Zen in der Zeit des Buddha selbst ansiedelt. Einmal, so heißt es, hielt der Buddha vor versammelter Zuhörerschaft schweigend

7

eine Blume hoch; niemand verstand dies, bis auf Mahakasyapa, einer seiner Schüler – der lächelte, ebenfalls schweigend. So steht Mahakasyapa am Anfang einer Tradition, deren Gütesiegel, so will es auch der Mythos, nicht ihre Schriften, sondern die Beziehung zwischen Meister/in und Schüler/in ist. Geschichtlich gesehen verbanden sich die komplexe Metaphysik des Mahayana-Buddhismus und die nicht weniger schwierige Einfachheit des Taoismus Lao-tses und Tschuang-tses zur Schule des Ch'an (jap. Zen; korean. Son; vietn. Thien). Sie blühte auf in der T'ang- Dynastie (7. – 9. Jh.) und reifte in der Sung-Dynastie (10. – 13. Jh.). In dieser Zeit verbreitete sie sich auch in Korea, Vietnam und vor allem Japan. Von hier aus gelangte sie Anfang des 20. Jahrhunderts in den Westen, wo sie von mystisch geprägten Christen, Juden und Muslimen, von Hippies, Aussteigern, von Psychologen und Therapeuten aufgenommen und zum Teil adaptiert wurde – zum heftigen Missfallen des jeweiligen (auch des buddhistischen) Establishments.

Gegenwärtig hat sich die »Zen-Szene« hier im Westen so weit diversifiziert, und es gibt so vielfältige Ausdrucksformen des Zen – vom homöopathisch verdünnten New-Age-Zen über Zen für gestresste Manager, vom christlichen Zen bis zum strengen Kloster japanischer Prägung –, dass sicher jede und jeder Interessierte eine geeignete Richtung finden kann.

Dieser kurze historische Verweis sagt natürlich noch nichts darüber, was Zen denn nun »wirklich« ist. Auch wenn keiner der Beiträge dieser Anthologie den expliziten Titel »Was ist Zen?« trägt, reflektieren die meisten Beiträge diese Frage. Im Prozess der Reflexion aber verwandelt sie sich schnell in eine andere, in eine sehr viel existentieller anmutende Frage: »Wer bin ich?« bzw. »Wer bist du?« Bodhidharma soll darauf dereinst geantwortet haben: »Weiß ich nicht.« Dieses Nicht-Wissen unterscheidet sich ganz grundlegend von einem oberflächlichen, desinteressierten Nicht-Wissen oder Nicht-Wissen-Wollen. Es provoziert ein unausgesetztes Fragen in das Nicht-Wissen hinein, ein Umgehen mit und ein Aushalten von unser aller existentiellen Unsicherheit angesichts von Leben und Tod. Vor allem dies scheint uns ein Gütesiegel des Zen zu sein. Die Beiträge dieser Anthologie sind allesamt Fragen in das Nicht-Wissen hinein, deuten immer wieder über sich selbst hinaus, weisen auf das Wasser hin, in das wir letztlich selbst springen müssen, wollen wir »wirklich« wissen, wie sich diese Erfahrung anfühlt.

Wir möchten uns bei allen sehr herzlich bedanken, die uns so bereitwillig ihre Vorträge, Teishos, Essays und Kalligraphien für diesen Band zur Verfügung gestellt haben.

Berlin, Innsbruck, Juli 2000 *Ursula Richard*
Wolfgang I Waas

Wäre alles leer, so könnte sich
nichts ereignen.

Nagarjuna

»Verstehst du etwas von Zen?«
»Die Frage erscheint mir wenig sinnvoll.«
?????????
»Wer etwas davon versteht, versteht nichts davon;
wer nichts davon versteht, ist auch auf dem Holzweg.
Wer könnte da etwas oder auch nichts davon verstehen?«
»Du bist vermutlich schon ziemlich fortgeschritten?«
»Manchmal fürchte ich selbst, in die Kategorie
›fortgeschritten‹ zu passen, aber im Allgemeinen
neige ich doch eher zu der Hoffnung, es einmal zum
Anfänger zu bringen. Fortgeschritten ist einer,
der auf dem Weg stehen bleibt, um mit dem Metermaß
festzustellen, wie weit er schon gekommen ist und
wie weit er noch zu gehen hat. Er profiliert sich nur als
fortgeschrittener Narr; und diese Narrheit ist nicht die,
die zur Einsicht führt.«
»Hast du diese Einsicht schon erlangt?«
»Wenn es kein Ich gibt, das vom Nicht-Ich,
und keine Einsicht, die von Nicht-Einsicht
unterscheidbar wäre, wie kann dann jemals Ich
mit Einsicht zusammentreffen?«
»Kannst du mir erklären, was Zen ist?«
»Wer das könnte, würde das Zen umbringen,
aber vielleicht kann ich es dir zeigen.«
»Gern, wie sieht es aus?«
»Mach die Augen zu. Was siehst du?«
»Nichts.«

»Willst du denn etwas sehen?«
»Natürlich.«
»Warum hast du dann die Augen geschlossen?«
»Weil du gesagt hast, ich solle sie zumachen!«
»Über das Aufmachen habe ich nichts gesagt.
Siehst du jetzt?«
»Ja.«
»Was du jetzt siehst, das ist Zen!«

Wolfgang I Waas

Ein junger Mann sagte: »He,
mir scheint, dass ich seh, dass ich seh;
doch was meiner Sicht sich entzieht
ist das ›Ich‹, das mich sieht,
wenn ich seh, dass ich seh, dass ich seh.«

OFFENE WEITE –
NICHTS VON
HEILIG

Im Jahr 520 (wahrscheinlicher 527) ging ein südindischer Buddha-Mönch im Hafen von Kanton an Land. Die Lehre des Erwachten war im Reich der Mitte keine Neuigkeit mehr, schon im ersten Jahrhundert waren buddhistische Missionare an den Kaiserhof berufen worden. Kaiser Wu-ti (464–549), der das Reich Liang regierte, war selbst überzeugter Laien-Buddhist und empfing den Neuankömmling, der offenbar über eine starke persönliche Ausstrahlung verfügte, in seinem Palast im heutigen Nanking. Er begann mit ihm ein freundschaftliches Gespräch und stellte ihm einige Fragen, wie sie in der einen oder anderen Form wohl immer wieder an Priester und Mönche gestellt werden: »Ich habe Hunderte von Klöstern gegründet, das Mönchtum vermehrt, die Lehre und die Schriften verbreitet – welche Verdienste habe ich damit erworben?« Bodhidharma erwiderte kurz: »Gar keine.« Erstaunt und leicht beleidigt wechselte der Kaiser das Thema: »Was ist der höchste Sinn der heiligen Lehre?« Der rotbärtige und blauäugige Barbar sagte: »Offene Weite – nichts von heilig.« Verwirrt fragte der Kaiser zurück: »Wer ist das eigentlich mir gegenüber?« »Weiß ich nicht!«, antwortete Bodhidharma, erhob sich abrupt, verließ die Audienzhalle und zog sich nach Nordchina zurück, wo er im Shaolin-Kloster (das damals bereits existierte und später durch Kung-fu bekannt werden sollte) neun Jahre lang bewegungslos die Wand anstarrte. Diese legendäre Szene war der Ursprung des Ch'an in China und hat das Verständnis seines Wesens nach innen wie nach außen stark geprägt – ihre Geschichtlichkeit aber ist äußerst fragwürdig.

Karl Obermayer

OFFENE WEITE

Bei der Übung des Zazen gehören drei Dinge zusammen: die Körperhaltung, die Atmung und die Geistesverfassung. Das Dritte ist wohl das Schwierigste, obwohl es eigentlich ganz einfach ist: unsere Geistesverfassung.

Als Bodhidharma, der legendäre Begründer des Zen, gefragt wurde, welche neue heilige Lehre er denn bringe, war seine Antwort: »Offene Weite – nichts von heilig.« – »Offene Weite« scheint mir der beste Ausdruck zu sein, um diese Geistesverfassung zu kennzeichnen.

Diese »Offene Weite« ist sprachlich auf verschiedene Weise ausgedrückt worden; einmal als *mugen*, wörtlich: ohne Grenzen; oder als *kakunen*, wie ich es auch in der Kalligraphie (Seite 15) niedergeschrieben habe. Dieser Ausdruck, der von der ursprünglichen Wortbedeutung her schwer zu erklären ist, entspricht meinen Nachforschungen zufolge aber am ehesten den Worten Bodhidharmas. Das erste Zeichen dieses Begriffs *kaku* verweist in seiner ursprünglichen Bedeutung eigentlich auf etwas Begrenztes: einen Bezirk, ein Wohnviertel, aber in der Zusammenstellung mit *nen* wird es dann für diese offene Weite verwendet. Möglicherweise steckt dahinter der Gedanke, dass auch auf kleinstem Raum, sozusagen in der Begrenzung, in einem Wohnviertel, in diesem Raum hier oder in Ihrem Zimmer, und sei es noch so klein, diese offene Weite möglich ist. Für den Geist gibt es keine Grenzen, gibt es keine Beschränkung.

Diese Offenheit, dieses Offensein, ist der ideale Zustand des

Geistes. Was das eigentlich konkret bedeutet, ist schwer zu erklären. Manche meinen, dass Meditation im Allgemeinen und Zazen im Besonderen ein Sich-Abschließen, ein Sich-Abkoppeln von der Welt und von der Umgebung bedeute. Ein Gang in die Isolation. Eigentlich ist es aber genau das Gegenteil. Auch hier sehen und erfahren wir wieder die Spannung der Gegensätze. Auf der einen Seite bin ich still und ziehe mich zurück, wende mich meinem Inneren zu, auf der anderen Seite werde ich weit, werde ich offen. Der Zen-Ausdruck hierfür ist *shikantaza*, was meistens mit »nur sitzen« übersetzt wird. In der englischsprachigen Literatur wird er mit »just sitting« übersetzt; und dieses »just« lässt außer »nur« noch eine andere Deutung zu, nämlich »recht«, »richtig«.

Shikantaza ist ein Zustand großer Wachheit. Kein Dahindösen, sondern ein Wachsein im Hier und Jetzt. Auch hier ist diese Offenheit wieder zentral; der Geist spiegelt alles, was um ihn herum geschieht, aber eben so, dass es nicht ablenkt. Dieser Zustand des *shikantaza* ist nicht so einfach zu erreichen, »machbar« ist er schon gar nicht, sondern er stellt sich von selbst ein. Das Einzige, was wir tun können, ist, die Voraussetzungen dafür zu schaffen. Dieser Zustand stellt sich oft nur für winzige Augenblicke ein. Sobald ich denke, das ist jetzt *shikantaza*, ist er natürlich schon wieder weg. Aber wenn es solche Augenblicke gibt, dann erleben wir sie als sehr wertvoll und schön. Als ein Ganz-bei-sich-Sein und zugleich als unbeschränktes Offensein für alles – für alle Wesen, für die ganze Welt, für den gesamten Kosmos. Es ist wunderbar!

Es ist alles da und zugleich ist nichts. Da wird nichts festgehalten: Gedanken kommen und gehen, man folgt ihnen nicht nach, man lässt sich nicht von ihnen vereinnahmen, man ist nur präsent, in diesem Augenblick gegenwärtig. – Nur jetzt! Und so finde ich, dass diese »Offene Weite« Bodhidharmas am besten das Zentrale unserer Zen-Übung charakterisiert.

Was an Interpretation noch dazukommt, geht schon wieder darüber hinaus. In einem sehr guten, interessanten Buch las ich: »Hier wirken wir an der Arbeit Buddhas mit!« Das klingt schön, aber ist, meinem Gefühl nach, schon wieder zu viel. Genauso könnte ich sagen: »Was ich hier tue, ist Nachfolge Christi.« Natürlich ist es legitim, wenn jemand, der von seiner Glaubenseinstellung her Buddhist oder Christ ist, die eigenen Erfahrungen in seinem jeweiligen Rahmen interpretiert. Aber es geht bei der Zen-Übung nicht um irgendeinen Inhalt, nicht um eine Interpretation, sondern es geht nur um diese Offenheit. Diese Offenheit, in der sich in irgendeiner Weise Letztes, Endgültiges mitteilt. Dieses Hinhören, dieses Ganz-Ohr-Sein, könnte man auch sagen, darum geht es. Und daher können wir diesen Weg auch zusammen gehen, auch wenn wir verschiedenen Weltanschauungen, verschiedenen Glaubensrichtungen angehören. Diese Offenheit ist die Basis, die allen möglich ist, weil sie eben nicht mit einem Inhalt verbunden und nicht etikettiert wird.

Diese Offenheit ist reines Zen, wie auch Meister Dogen es verstand. Er spricht von verschiedenen Stufen des Zen. Man kann Zen üben, um ins innere Gleichgewicht zu kommen, um sich besser konzentrieren zu können. Man kann Zen üben, um einen religiösen, spirituellen Weg zu gehen und man kann Zen üben, um eine buddhistische Praxis zu verwirklichen. Aber das Höchste für Dogen ist *shikantaza*, dieses »nur Sitzen« ohne irgendeinen Zweck, ohne irgendeinen Inhalt, ohne irgendetwas zu beabsichtigen. Ich möchte noch einmal wiederholen, dass wir das nicht »machen« können. Ich erinnere mich noch sehr gut, wie ich zu Rinzai-Meister Seki Yuho, als er mir vor vielen Jahren ein Koan gab, sagte: »Ich übte bisher nicht Koan, sondern *shikantaza*.« Er dachte zuerst, die Dolmetscherin habe das falsch übersetzt, aber dann hat er schallend gelacht. Geduldig hat er mir erklärt, *shikantaza* sei das Ziel, sei das vollkommene Zazen und auch die Koanübung solle dorthin führen. Damals glaubte ich, schon sehr nahe dran zu sein, aber in der Zwischenzeit habe ich gelernt, dass dies ein sehr weiter Weg ist, dass man schon dankbar sein kann, wenn da und dort Augenblicke sind, in denen man vielleicht in die Nähe dessen kommt. Aber dennoch: Auch wenn wir es nicht erreichen oder gar »machen« können, dennoch ist es gut, dass wir uns darauf ausrichten.

Ich möchte dazu ein kurzes Wort des chinesischen Meisters Yung-Chia Ta-Shih zitieren:

> Es ist nicht zu greifen, aber auch nicht zu verlieren. Es sucht sich seinen eigenen Weg. Wenn du schweigst, spricht es, wenn du sprichst, ist es taub. Kein Hindernis – das große Tor der Liebe ist weit geöffnet.

Schon der erste Satz ist wunderbar: Es ist nicht zu greifen, aber auch nicht zu verlieren. Es ist schon in uns, es muss nicht von außen irgendetwas zu uns kommen, es ist bereits alles da. Es ist unser tiefstes Wesen, und es sucht sich seinen eigenen Weg. Was wir hier »tun«, ist nur offen sein, nur da sein, weil wir es ja ohnehin nicht »machen« können, wir können es aber zulassen. Es kommt, es sucht sich seinen eigenen Weg, wenn du schweigst, spricht es, wenn du sprichst, ist es taub. Wir machen innerlich oft viel zu viel Lärm, als dass das Eigentliche kommen könnte. – Kein Hindernis, das große Tor der Liebe ist weit geöffnet. Da haben wir erneut diese große, offene Weite.

Ein anderer Chinese, Chao-Pien, drückt dasselbe in anderer Weise aus:

> Ein Donnerschlag, die Pforten des Geistes springen auf – und sieh, da sitzt das gute alte Buddhawesen in seiner ganzen Schlichtheit.

Henry B. Platov

————◆————

DIE ZWIEBEL

Heutzutage gibt es kaum jemanden, der noch nie etwas von Erleuchtung gehört hat. Es gab eine Zeit, da hatte man keine Ahnung, dass es so etwas gibt, doch dann las oder hörte man davon und nun macht man sich allerhand Vorstellungen darüber. Man glaubt, es sei etwas ganz Großartiges und möchte es vielleicht auch haben. Man liest fernöstliche Texte, macht Yoga oder andere Körperverrenkungen, geht zu buddhistischen Einweihungen und fängt vielleicht sogar an zu meditieren. Es wurde einem ja gesagt, dass man sich die Erleuchtung auf diese Weise aneignen könne – als ob Erleuchtung etwas wäre, was man sich aneignen kann wie Wissen oder einen Doktortitel. Wenn man dann in der Meditation oder durch eine Droge in einen anderen Bewusstseinszustand gelangt, denkt man vielleicht, das sei Erleuchtung.

Aber nein, das sind bloß Vorstellungen, Halluzinationen, das ist keine Erleuchtung. Es gibt nämlich nicht nur optische Täuschungen, sondern auch Bewusstseinstäuschungen, also Täuschungen, die nicht durch das physische Auge entstehen, sondern durch Verzerrungen des Bewusstseinsauges. Man sollte deshalb vorsichtig sein mit dem Wort »Erleuchtung«.

Erleuchtung kann man nicht erlangen. Im Gegenteil, die Erleuchtung kommt von selbst, wenn man aufhört, danach zu suchen. Also sich nicht etwas aneignen, sondern etwas loswerden!

Vielleicht ist es ungefähr so, wie wenn ein Schnitzer ein Stück Holz nimmt, um daraus eine Figur herauszuholen. Er muss das Material wegschnitzen, bis die erkennbare Gestalt herauskommt. Was ist die Gestalt der Erleuchtung? Um dies zu entdecken, muss man alles, was man von sich denkt, was man zu sein glaubt und was man sich angeeignet hat, loslassen. Man muss mal in einen Spiegel schauen, in dem man nicht immer bloß sein eigenes Selbstbildnis sieht, sein persönliches Bewusstsein, sondern man muss einmal in einen leeren Spiegel schauen. Denn Erleuchtung hat nichts mit der eigenen Person zu tun.

Zu diesem Zweck praktiziert man die reine, vorstellungslose, inhaltslose Meditation. Doch ich wiederhole: In der inhaltslosen und vorstellungslosen Meditation geht es nicht darum, sich irgendetwas anzueignen, sondern alles abzugeben. Es ist wie das Schälen einer Zwiebel.

Wenn man eine Zwiebel schält, wird sie immer kleiner, nicht wahr? Sie wird kleiner, indem man eine Schicht nach der anderen wegnimmt. Und dabei weint man fürchterlich. Man wird immer weniger und man weint. Was auch kommt – Gedanken, Gefühle, Erinnerungen, Vorstellungen – man legt es ab: nicht dieser Gedanke, nicht diese Erinnerung, nicht diese Erwartungen, nicht diese Hoffnungen, nicht dieses, nicht dieses, nicht dieses. Es ist zum Heulen. »Ja«, sagt man, »das tue ich, weil ich doch letztendlich an den Kern der Sache kommen werde, und das ist die Erleuchtung.«

Doch eine Zwiebel hat keinen Kern. Wenn man fertig geschält hat, ist einfach nichts mehr da. Dann hört man natürlich auch auf zu heulen. Die Zwiebel ist auseinander, und ein Kern ist auch nicht da. Es ist erledigt. Das Einzige, was übrig bleibt, ist natürlich die Person, welche die Zwiebel geschält hat. Sie hört auf zu heulen – na klar –, aber sie bleibt.

Es ist nicht verwunderlich, dass sich das Ich dagegen wehrt, denn es hat ja seine Identität als Zwiebel. Es identifiziert sich mit seinen Schalen der Vorstellungen, Gedanken, Empfindungen usw.: *das* bin ich. *Mein* Körper, *meine* Gedanken, *meine* Gefühle, *meine* Erinnerungen – all das ist *meine* Existenz. Nimmt man mir das weg, dann habe ich keine Existenz.

Ein leeres Bewusstsein ist wie ein leeres Gefäß; weil es leer ist, kann es diesen Klang geben [schlägt einen kleinen Gong an, ein hoher Klang ist hörbar]. Dieses Ding ist größer, deshalb kann es einen vollen Klang geben [schlägt einen großen Gong an, der Klang ist tiefer und lauter]. Merkwürdig: Je leerer man wird, desto größer wird man.

Aber es ist kein Aneignen. Es ist ein Wegnehmen.

Mit leeren Händen trage ich die Hacke.
Im Gehen reite ich den Wasserbüffel.
Über die Brücke – sieh da!
Die Brücke bewegt sich, der Fluss steht still.
Auf dem Gipfel des Fuji-Berges kocht eine Wolke
den Reis.

Laie P'ang

Als Yao-shan Zazen übte, sah ihn Shih-t'ou und
fragte: »Was treibst du da?«
Yao-shan antwortete: »Gar nichts!«
Shih-t'ou sagte: »Dann sitzt du einfach nur faul da.«
Yao-shan antwortete: »Wenn ich faul dasäße, würde
ich ja etwas tun.«
Shih-t'ou fragte: »Du hast gesagt, du tätest nichts;
was also tust du nicht?«
Yao-shan antwortete: »Das wissen selbst die Götter
nicht.«

Zehn Jahre Suche im tiefen Wald –
Heute großes Gelächter am Seeufer

Soen Roshi

Bernard Glassman

BODHIDHARMA UND DIE DREI REINEN GEBOTE

Als mein Lehrer mir zum ersten Mal die Bedeutung des Wortes *kai* erläuterte, benutzte er dafür nicht die Übersetzung »Gebote«, sondern »Aspekte des Lebens«. Auch ich ziehe es vor, *kai* als die Aspekte unseres Lebens zu verstehen. Das möchte ich gern im Zusammenhang mit den drei Reinen Geboten und einem Koan näher erläutern. Die drei Reinen Gebote sind: Böses unterlassen, Gutes tun, und Gutes für andere tun. Das Koan, mit dem ich mich hier beschäftigen will, ist der vierte Fall in der Koan-Sammlung *Mumonkan*. Es ist als Frage formuliert: »Warum hat der Barbar aus dem Westen keinen Bart?« Wie ihr wahrscheinlich wisst, ist mit dem Barbaren Bodhidharma gemeint, der aus dem Westen (aus Indien) nach China kam. Eine sehr bekannte Frage in unserer Tradition lautet: »Warum ist Bodhidharma in den Osten gekommen?« Sie ist eine Metapher für die Frage: »Was ist Zen?« Wir sagen: Zen ist *kai*, ist das Leben. Was ist nun dieses Zen? Was ist das Leben, über das wir sprechen? Wenn Zen *kai* ist, wenn es das Leben selbst ist, was macht es dann für einen Sinn, darüber zu reden, dass es von einem Land in ein anderes gebracht wird? Was wird da übermittelt? Was ist die Dharma-Leuchte, die nicht ausgelöscht werden kann – oder sollte? Dies sind die Fragen, die in jenem Koan enthalten sind.

Natürlich ist Bodhidharma hier keine Gestalt, die vor vielen, vielen Jahren gelebt hat. Bodhidharma, das sind wir, wir alle.

Bodhidharma sind unsere Lehrer, die aus Japan, aus dem Westen kamen und uns die Leuchte überbrachten. Bodhidharma sind wir alle, wo auch immer wir hergekommen sein mögen, alle, die sich hier versammelt haben. Warum sind wir hierher gekommen? Was (über-)tragen wir? Was (über-)tragen unsere Lehrer? Was wollen wir empfangen? Und was wollen wir *nicht* empfangen?

Man kann mit einem Koan auf unterschiedliche Weise umgehen. So kann man mit Hilfe des Koan Dinge veranschaulichen. Im Augenblick verwende ich das Koan, um etwas zu illustrieren; ich spreche also darüber. Bei der eigentlichen Koan-Übung geht es darum, selbst zu dem Koan zu werden. In diesem Fall gilt: Werdet der Barbar aus dem Westen! Werdet der Bart! Werdet Bodhidharma! Das Koan meistern bedeutet, das im Koan Enthaltene selbst zu erfahren – in unserem Fall, zu Bodhidharma zu werden.

Dies bringt uns zum ersten der drei Reinen Gebote: Böses zu unterlassen. Dogen Zenji sagt darüber in seinen Unterweisungen über *kai*: »Böses zu unterlassen, dies ist der Verweilort der Gesetze und Regeln aller Buddhas.« Dieser Verweilort, diese Quelle, ist der Zustand, den zu erfahren uns das Koan ermöglichen möchte. Es ist der Zustand der Nicht-Dualität, des Nicht-Wissens, der Nicht-Getrenntheit. Der sechste Patriarch, Huineng, definiert Zazen als den Geisteszustand, in dem es keine Trennung zwischen Subjekt und Objekt gibt, keinen Raum zwischen ich und du, oben und unten, richtig und falsch. Dieses Unterlassen des Bösen, dieser Verweilort, ist der Zustand des Eins-Seins, der Buddhaschaft, des Seins der Drei Schätze, der Rückkehr zum Einen. Es ist sehr schwer, an diesem Ort zu sein. Denn an diesem Ort wissen wir nicht, was richtig und was falsch ist. Es ist der Ort des bloßen, reinen Seins, des Lebens selbst. Wie viele von uns können von sich behaupten, dass sie offen sind für alle Arten von Leben, für alle Wesen und Nicht-Wesen und Geistwesen? Wie viele von uns vermögen zu sagen, dass sie »die Antwort«, die richtige Art zu sein, nicht kennen? Oder wie viele von uns können sagen, dass jede Art zu sein, die richtige Art ist?

Durch die Zen-Übung können wir erfahren, erkennen und verwirklichen, was ist. Als Menschen verfügen wir über eine Reihe von Charakteristika, die uns von jener Erfahrung trennen. Eines davon ist unser Gehirn. Unser Gehirn denkt dualistisch. Das entspricht seiner Funktionsweise. Einige andere Teile von uns, beispielsweise unser Bauch, denken nicht dualistisch. Meinen Bauch bemerke ich normalerweise gar nicht, es sei denn, irgendetwas stimmt nicht mit ihm. Wenn ich Schmerz empfinde, dann taucht ein Gefühl der Getrenntheit auf. Wenn Sie die Einheit des Lebens erfahren, stellen Sie nicht die Frage: »Ist dies ein Anderes oder nicht?« Wenn Sie die Einheit des Lebens erfahren, funktionieren Sie einfach auf ganz natürliche Weise.

Kürzlich ist mir ein Begriff in den Sinn gekommen, der in meinem Leben von großer Bedeutung zu sein scheint: »Zeugnis ablegen«. Für mich ist Zazen eine Form des Zeugnis-Ablegens gegenüber den Drei Schätzen: Zeugnis ablegen vom Leben, Zeugnis ablegen davon, dass das Leugnen der Einheit allen Lebens ein Ende hat. Alle Menschen leugnen irgendetwas. Wir alle sind uns dessen bewusst, dass es bestimmte Aspekte des Lebens gibt, mit denen wir uns normalerweise nicht auseinander setzen wollen, weil wir vor ihnen Angst haben.

Manchmal will die Gesellschaft bestimmte Aspekte ihrer selbst nicht wahrhaben, und wir schließen uns diesem Leugnen an. Zazen ermöglicht uns, von *allem* Leben Zeugnis abzulegen, und in meinen Augen ist das auch die Bedeutung des zweiten Reinen Gebots: Gutes tun. Dogen Zenji sagt: »Gutes zu tun, das ist das Dharma von *samyak-sambodhi*. Das ist der Weg aller Wesen.«

Das Wort »warum« ist ein Symptom für Getrenntheit, ein Symptom für Dualität. Viele Koans beginnen mit diesem Wort. »Warum hat Bodhidharma, der Barbar aus dem Westen, keinen Bart?« Warum! Warum ziehen wir beim Klang der Glocke die Robe an? Warum tun wir dies und jenes? Warum brauchen wir Regeln und Vorschriften? Warum brauchen wir Formen? Warum diese Form? Warum ist Gras grün? Könnte es nicht auch purpur sein? Ich mag Purpur. Weil Gras grün ist, mag ich es nicht. Warum also? Eliminieren wir das Wort »warum«, so kommen wir dahin zurück, Zeugnis abzulegen.

Als ich kürzlich über Buddha Shakyamunis Leben nachdachte, kam mir auch sein Vater in den Sinn, der ihn vom Leiden, vom Alter, vom Tod unbedingt fern halten wollte. Dies ist für mich ein Sinnbild für das Leugnen beziehungsweise für die Abtrennung von jenen Aspekten unserer selbst oder der Gesellschaft, vor denen wir Angst haben oder mit denen wir uns nicht auseinander setzen wollen.

Für mich erwuchs die Bedeutung, das zu bezeugen, was geleugnet wird, aus meinem Zazen, aus dem Bezeugen der Ganzheit des Lebens. Wenn ich Zeugnis ablege, lerne ich, öffne ich mich dem, was ist. Darin ist auch ein Heilungsprozess enthalten. All dies ist im zweiten Gebot enthalten: Zeugnis abzulegen von Dingen, die ich leugne oder mit denen ich mich nicht auseinander setzen möchte oder die die Gesellschaft leugnet und ausgrenzt.

Auf unser Koan bezogen heißt das: Wenn wir Bodhidharma sind, wenn wir den Bart spüren, wenn wir der Bart sind, sehen wir all die Probleme – das Essen, das im Bart hängen bleibt, die Pilze, die darin wachsen. Wir lernen, den Bart zu reinigen, ihn zu kämmen, mit ihm eins zu werden, Bodhidharma zu werden. Wir lernen, uns um die Dinge zu kümmern. Dies alles ist ein ungeheurer Prozess der Heilung und des Lernens. Der Bart lehrt uns etwas. Und auch die Dinge, die wir leugnen, lehren uns etwas. Wir gehen nicht zu ihnen, um *sie* etwas zu lehren. Sie lehren *uns* – wenn wir zuhören, wenn wir in der Lage sind, Zeugnis abzulegen.

Einer meiner Schüler ist zusammen mit siebzig anderen Menschen von Ausschwitz in Polen nach Hiroshima gegangen. Das war ein Weg von 5 000 Meilen durch viele vom Krieg gezeichnete Länder. Er sagte mir, viele der Menschen, die mit ihm zusammen unterwegs gewesen seien, hätten zwar rein äußerlich an dem Marsch teilgenommen, doch hätten sie das Leiden in jenen Ländern gar nicht erfahren, da sie sich im Grunde aus allem herausgehalten hätten. Wenn sie Soldaten oder Gefangene sahen, hatten sie Angst, mit ihnen zu reden. Er nannte dies »spirituelle Korrektheit«: Man tut das Richtige, lässt aber nicht zu, dass man mit dem, was man tut, eins wird. Das ist eine der Gefahren unserer Übung. Wir können alles so lernen, wie es »richtig« ist. Wir können über die richtigen Dinge reden und doch verhindern, dass wir mit ihnen eins werden. Für mich ist das Erblühen von Zazen, das Erblühen des Zeugnis-Ablegens das dritte Reine Gebot: Gutes für andere tun. Dogen Zenji sagt: »Dies bedeutet, das Profane zu transzendieren und über das Heilige hinauszugelangen. Es bedeutet, sich selbst und andere zu befreien.«

Vor vielen Jahren habe ich in Los Angeles das Leiden der hungrigen Geister unmittelbar gespürt – ich sah es regelrecht vor mir. Ich war von allen möglichen leidenden Wesen umgeben. In jenem Augenblick gelobte ich, ihnen zu dienen, sie zu füttern. Wie können wir sie füttern? In unserer Liturgie heißt es: »Den Geist des Erwachens erweckend, wird das höchste Mahl, das alles vom kleinsten Teilchen bis zum größten Raum sättigt, allen hungrigen Geistern in Raum und Zeit dargebracht. All Ihr hungrigen Geister der zehn Richtungen, bitte versammelt Euch hier. Eure Not teilend, biete ich Euch diese Nahrung dar. Ich hoffe, dass sie all Euren Durst und Hunger zu stillen vermag.« Das ist die Nahrung für die hungrigen Geister.

Unsere Übung besteht also aus zwei Elementen: den Geist des Erwachens zu erwecken – der Aufstieg auf den Berg, das ist das eine; das andere ist zu opfern, den Berg hinabzusteigen. Wozu soll es gut sein, dass wir immer heiliger werden wollen? Worum geht es tatsächlich? Es geht darum, zu dienen, zu opfern, selbst die Opfergabe zu sein. Aus sich selbst wird die Frucht geboren. Aus unserem Zazen, unserem Zeugnis-Ablegen heraus brauchen wir uns keine Sorgen darum zu machen, was wir tun sollten, wenn wir Böses meiden, wenn wir zu jenem Zustand des Nichtwissens werden. Wenn wir zu Zazen werden, tritt die Opfergabe von selbst in Erscheinung, und die Frucht wird geboren. Tatsächlich ist es das, was wir alle sind. Wir können uns all der Früchte in diesem wundervollen Garten, den manche »das Universum« nennen, erfreuen.

Ein koreanischer Priester, der mit geistig zurückgebliebenen Waisenkindern arbeitet, ordiniert all diese Kinder zu Mönchen und Nonnen. Ich fand es wundervoll, dass er sagte, diese Kinder seien Buddhas. Er ordinierte sie, damit er für die Buddhas sorgen konnte, nicht, um die Kinder zu etwas zu machen, das wir akzeptieren würden. Er akzeptierte jedes der Kinder so, wie es war als Buddha, und er diente ihnen und sorgte für sie. Man könnte auch sagen, dass wir alle in den Augen des Buddha geistig zurückgeblieben sind.

Aufgrund meines Karma hat sich mein Leben dahin entwickelt, dass ich mit der Gesellschaft als Ganzes, als Dharma-Feld, zu arbeiten versuche. Und ich habe das Gefühl, dass dies aufgrund der oben beschriebenen Erfahrung geschehen ist.

Wie ich bereits erwähnt habe, können wir das erste Reine Gebot, »Böses unterlassen«, auch als Rückkehr zum Einen bezeichnen. Vielleicht kennt ihr das berühmte Koan: »Wohin kehrt das Eine zurück?« Das Eine kehrt zum Leben zurück. Zen ist Leben. Doch wenn das so ist, was kann dann davon ausgeschlossen werden? Immer wieder höre ich Fragen wie: »Wie sollen wir unser Zen in unser alltägliches Leben hineinbringen?« Aber Zen *ist* das Leben. Was soll man da bringen? Und wo hinein? Wir sollten das Leben also als ein Feld der Übung ansehen. Jeder Aspekt unseres Lebens muss zur Übung werden. Was ist Übung?

Bei meiner Arbeit betrachte ich diesen Lebenszyklus im Sinne der fünf Buddha-Familien. Das ist zwar nur ein Schema, aber weil ich früher einmal Mathematiker war, liebe ich Schemata. Man kann viele verschiedene Schemata benutzen, um den Lebenszyklus zu unterteilen. Aber ich benutze stets das Schema der fünf Buddha-Familien, unser Mandala. Wir nennen es »Das Greyston-Mandala«. In seinem Zentrum steht die Buddha-Familie (mit Namen Buddha-Familie), die formlosen Formen, der Zustand der Nicht-Dualität, das erste Reine Gebot, Nicht-Wissen. Dies ist die Grundlage unserer gesamten Arbeit, die durch die übrigen vier Familien repräsentiert wird.

Als wir aus Los Angeles nach New York kamen, etablierten wir dort zunächst diese Buddha-Familie, die Übung des Zazen, die Übung der Meditations-Retreats; wir schufen eine Atmosphäre der Nicht-Dualität. Die nächste Familie, mit der wir uns befassten, war die Ratna-Familie, welche die »rechte Lebensführung« repräsentiert. Dann beschäftigten wir uns mit der Karma-Familie, die ich mit »sozialem Handeln« assoziiere. Karma ist, wie ihr sicher wisst, Handeln, rechtes Handeln. Die nächste Buddha-Familie, um die wir uns kümmerten, war die Vajra-Familie, die ich mit »Studium« in Verbindung bringe – allerdings meine ich damit kein abstraktes Studieren, sondern das Studium des Lebens, so wie es ist, so wie wir es führen. Die fünfte Buddha-Familie, Padma, assoziiere ich mit »Beziehungen« oder mit »Integration«. Dies ist die Energie, die alles zusammenhält. Als dualistisch denkende Menschenwesen glauben wir, was immer wir tun, sei das Richtige. Nichts anderes sei gut. Ebenso verhält es sich, wenn wir uns die Gesellschaft anschauen. Wir sorgen für unser Auskommen, betätigen uns sozial und meinen: »Oh, *das* ist die Essenz, *nicht* das.« Dies alles als einen Lebenskreis zusammenzuhalten, das ist die Padma-Energie. Da meine spirituelle Ausbildung auf einem Modell monastischen Lebens basiert, das die Umgebung in das Bemühen einbezieht, zum Zustand des Nicht-Wissens, zum Sehen der Einheit des Lebens zu gelangen, ist für mich die Frage wichtig, welche Formen im Bereich der Wirtschaft oder des sozialen Handelns förderlich sind, um die Einheit der Gesellschaft und des Lebens zu erkennen. Gibt es bereits Formen dieser Art? Was hält uns davon ab, Zeugnis abzulegen? Was hält uns davon ab, die Einheit des Lebens zu sehen und alles so zu schätzen, wie es ist? Was verleitet uns dazu zu glauben, wir würden den richtigen Weg kennen?

Mein Leben ist also im Moment dem Versuch gewidmet, eine Umgebung zu schaffen, die sich dieser Thematik widmet, eine Form nicht nur für uns als Einzelne, sondern auch für die Gesellschaft. Wie schaffen wir Formen, die uns alle der Erkenntnis, der Verwirklichung des Erleuchtungsweges näher bringen? Lediglich Zazen zu üben führt nicht unbedingt zu einer Position der Nicht-Dualität. Doch was können wir sonst noch tun? Es ist Aufgabe des Lehrers zu versuchen, Antworten auf diese Frage zu finden. Was sind die *Upaya*-Methoden, die nützlichen Methoden? Welche Formen können uns helfen, den Zustand der Nicht-Dualität zu erfahren? Durch fast alles, was wir tun, entsteht noch mehr dualistisches Denken. Wie also können wir uns selbst, unsere Brüder und unsere Schwestern in einen Zustand der Nicht-Dualität führen? Das ist die Frage. Das ist das Koan.

Ich möchte als konkretes Beispiel eine Form beschreiben, die wir im Geschäftsleben entwickelt haben und von der ich glaube, dass sie Menschen von Nutzen ist. Ursprünglich dienten unsere Unternehmen hauptsächlich der Ausbildung der Mitglieder unserer Gemeinschaft, und in einigen Fällen ist das auch heute noch so. Dann haben wir sie für Menschen geöffnet, die obdachlos, arbeitslos und sehr arm waren. Die Mehrheit unserer Mitarbeiter waren Obdachlose, Langzeitarbeitslose oder Menschen, die unglaublich viel Geld mit dem Verkauf von Drogen verdient und dann eines Tages beschlossen hatten, ihre Lebensweise zu verändern. Wir haben viele Leute dieser Art beschäftigt. Viele von ihnen begannen bei uns mit der Vorstellung, dass vor allem sie selbst etwas brauchen. Um ihnen eine Ahnung von der Interdependenz des Lebens zu vermitteln, bauten wir Teams auf. Die Entlohnung der Einzelnen hing von der Leistung des gesamten Teams ab. Wenn einem Teammitglied die notwendigen Kenntnisse für eine Tätigkeit fehlten, lag es im Interesse der übrigen, dem Betreffenden das Notwendige beizubringen, weil dann alle mehr Geld verdienten. So haben wir eine Form geschaffen, die diesen Menschen hilft, nicht nur im Blick zu haben, was sie für sich selbst herausschlagen können. Zwar geht es immer noch ums Geldverdienen, aber nun zumindest um den Verdienst der ganzen Gruppe.

Wenn Menschen auf diese Weise dazu angeleitet werden, die Interdependenz allen Lebens zu erkennen, können sie irgendwann den nächsten Schritt tun und dann den nächsten und so weiter. Dies ist eine der Formen, die wir zusätzlich zur Übung der Nicht-Trennung, des Zazen, entwickelt haben. Und das ist das Koan: Wie tut man solche Dinge? Wie gestaltet man Dinge so, dass niemand an einer bestimmten Art, etwas zu tun, zu haften beginnt, weil er diese Art für die beste, die einzig mögliche hält – was impliziert, dass alle anderen, die es nicht genauso machen, nicht wissen, was »Tun« bedeutet? Wie schafft man das? Dies sind für mich die interessanten Fragen.

Um ein anderes Beispiel zu nennen: Ihr wisst, dass *sesshin* »den Geist vereinigen« bedeutet. Ich arbeite mit Menschen, die obdachlos sind. Für mich bedeutete dies, dass ich versuchen musste, den Geist mit jenen zu vereinen, die auf der Straße leben. Deshalb fing ich an, Straßen-Retreats durchzuführen.

Das ist zwar nicht generell notwendig, doch *ich* musste es tun. Ich will an dieser Stelle klarstellen, dass meine Straßen-Retreats keine Obdachlosen-Retreats sind. Viele Menschen nennen diese Veranstaltungen »Obdachlosen-Retreats«, doch um den Geist mit jemandem zu vereinigen, der obdachlos ist, muss man nicht obdachlos sein. Alle, die mit mir zu diesen Retreats gingen, wussten, dass wir nach einer Woche wieder in unsere Wohnungen zurückkehren würden. Wir waren Leute, die auf der Straße lebten, aber keine Obdachlosen. Ein Straßen-Retreat beinhaltet also, mit denjenigen, die auf der Straße leben, eins zu werden. Wie kann man das lernen? Man muss dazu auf der Straße leben. Genau das tat ich mit allen, die kamen. Wir lebten auf der Straße. Nun ist ein Teil des Lebens das Atmen, ein anderer Teil ist das Essen, und ein weiterer ist die Zazen-Übung. Ich sehe diese Teile nicht als etwas Besonderes an. Sie sind einfach das, was ich jeden Tag tue. Ich atme nicht, um zu leben, sondern *weil* ich lebe, atme ich. Ich übe Zazen nicht, um etwas zu werden, sondern *weil* ich lebe, übe ich Zazen. Ein Straßen-Retreat enthält alle diese Elemente. Es umfasst Essen, Schlafen, Urinieren und Defäkieren. Es umfasst alle Aspekte eures Lebens, nur lebt ihr bei alldem auf der Straße. Dadurch verändern sich die Regeln. Es gibt keine Toiletten, keine Duschen, keine Sitzkissen und keine Matten. Man sitzt auf dem Boden. Weil wir keine wunderschönen Trommeln oder Roben hatten, benutzten wir Mülltonnen oder was wir sonst für unsere Liturgie fanden. Doch hielten wir jeden Tag eine Zeremonie ab. Wir übten jeden Tag Sitzen. Doch es war schwierig, schon allein, die ganze Gruppe wieder zusammenzuholen, nachdem sich alle zerstreut hatten, um etwas zu essen oder eine Toilette zu finden. Ich war sehr erstaunt über das, was während jenes ersten Straßen-Retreats geschah. Alle möglichen Menschen nahmen daran teil. Manche kamen für einen Tag, andere für fünf Tage, doch alle sagten, dies sei die beeindruckendste Erfahrung ihres gesamten Lebens gewesen. Etwas geschah. Ich glaube, dass es die Unmittelbarkeit war. Auch ein Sesshin konfrontiert uns mit der Unmittelbarkeit des Lebens. Doch die Straße tut dies auf eine sehr, sehr dramatische Weise. Dinge wie Essen, Trinken, Urinieren, jeder Aspekt unseres Lebens ist dort unmittelbar präsent. Und das Leugnen. Verbringe einen Tag auf der Straße, und die Menschen verleugnen dich. Wenn du in ein Restaurant gehst, wirst du nicht bedient; man lässt dich nicht einmal hinein. Wenn du dringend auf die Toilette musst und in einem Restaurant fragst, ob du die Toilette benutzen darfst, wird dir das nicht erlaubt. Menschen halten sich fern von dir, weil sie deinen Geruch oder dein Aussehen nicht leiden können. Wenn du dies wirklich selbst erfährst, wirst du die Menschen, die auf der Straße leben müssen, nie mehr meiden – diese Menschen, zu denen auch du einmal gehört hast. Das ist die Macht der Straße und was sie lehren kann ist die Unmittelbarkeit des Jetzt. Sie lehrt uns, Zeugnis abzulegen.

Wenn ihr also »seinen Bart« spürt und alle seine Probleme seht – das Essen, das darin hängen bleibt, die Pilze, die darin wachsen, die Verfilzungen –, wenn ihr sehen könnt, wie man ihn reinigt, ihn kämmt und dann mit ihm eins werdet, so ist das ein ungeheurer Heilungs- und Lernprozess. Der Bart lehrt, und die Dinge, die ihr gewöhnlich leugnet, lehren euch ebenfalls – sofern ihr versteht zuzuhören, sofern ihr Zeugnis ablegt und dann mit den Dingen eins werdet. Das ist Zazen. Das sind die drei Reinen Gebote.

Der Zen-Meister Ryokan lebte in einer kleinen Hütte am Fuße eines Berges. Als Ryokan eines Abends fort war, drang ein Dieb in die Hütte ein, musste aber feststellen, dass nichts zum Stehlen da war. Ryokan kam nach Hause zurück und ertappte den Dieb. »Du musstest wohl einen weiten Weg zurücklegen, um mich zu besuchen«, sagte Ryokan zu ihm, »und du sollst nicht mit leeren Händen weggehen. Hier, ich gebe dir meine Kleidung, nimm sie als Geschenk.« Und er zog sich aus und gab dem Dieb seine Sachen.

Dieser war äußerst verblüfft, nahm die Kleidung und machte sich schnell davon.

Ryokan saß nackt da und betrachtete den Mond. »Armer Kerl«, sagte er, »ich wollte, ich könnte ihm diesen wunderschönen Mond schenken.«

Ein Mann hatte von einem Einsiedler gehört, konnte aber nicht verstehen, warum jemand so zurückgezogen und allein leben wollte. Er machte sich deshalb auf den Weg, um den Einsiedler nach seiner Erfahrung zu fragen.

Der Einsiedler führte ihn zu einem Brunnen. Er nahm einen Stein, warf ihn hinein und sagte zu dem Mann: »Schau in den Brunnen und sage mir, was du siehst.« »Nichts«, antwortete der Mann, »nur das Wasser, das sich bewegt und Wellen schlägt.«

Nach einer kurzen Zeit des Schweigens bat der Einsiedler den Mann nochmals, in den Brunnen zu blicken. »Jetzt – ich sehe mich selbst. Ich spiegle mich im ruhigen Wasser. Ganz deutlich kann ich mein Gesicht erkennen!«

»Siehst du«, sagte der Einsiedler, »das ist die Erfahrung der Einsamkeit.«

Udaka Jiun Hogen

ZEHNTAUSEND DHARMAS UND NOCH MEHR

Meister Dogen sagt: »Den Buddhaweg studieren bedeutet das Selbst studieren. Das Selbst studieren bedeutet das Selbst vergessen. Das Selbst vergessen bedeutet erleuchtet werden von den zehntausend Dharmas.«

Das Selbst studieren bedeutet den Weg des Buddha gehen. Wie aber ist es möglich, das Selbst zu studieren, wenn der Buddhismus uns doch lehrt, dass es kein Selbst gibt? Diese Frage zeigt, wie vorsichtig wir mit Worten umgehen müssen.

Meister Dogen sagt: »Den Buddhaweg studieren bedeutet das Selbst studieren.« Wenn wir hieraus die Schlussfolgerung ziehen, dass es in der Zenübung darum gehe, ein Selbst zu studieren, kann uns das in große Verwirrung stürzen. Diese Verwirrung entsteht dadurch, dass wir davon ausgehen, es gebe ein Selbst, das studiert, analysiert und kartiert werden kann, weil es ständig da ist und anderen Selbsten gegenüber steht.

Welches Selbst aber können wir studieren, zum Beispiel während eines Sesshin, einer Meditationswoche? Das atemzählende, das träumende, das denkende, ungeduldige oder in der Nase bohrende Selbst? Ist es möglich, sie alle in einen Topf zu werfen, damit es ein Selbst gibt, das wir studieren können?

Glücklicherweise sagt Meister Dogen, was es bedeutet, das Selbst zu studieren, nämlich das Selbst zu vergessen. Selbst vergessen! Haltet euch an keiner Idee über ein Selbst, über ein Ich, fest, denn das Selbst vergessen bedeutet erleuchtet werden von den zehntausend Dharmas. Wir können auch sagen: Das Selbst vergessen bedeutet, Nicht-Selbst zu verwirklichen.

Aber ehe wir Nicht-Selbst verwirklichen können, werden wir total durcheinander geschüttelt von all dem, was aus unserer Unwissenheit, aus der Illusion, dass es ein unveränderliches Ich gibt, entstanden ist. Allmählich entdecken wir, dass alles, was in unserem Leben passiert ist und uns beeinflusst hat, in genau diesem Moment, jetzt, sichtbar ist. Dieser Moment ist die Folge von allem, was passiert ist, und gleichzeitig bestimmt dieser Moment den nächsten.

Dieser Moment aber ist der einzige Moment, in dem wir das Leben wirklich berühren können. Zazen hilft uns, gewahr zu werden, wie wir von Moment zu Moment das Nicht-Selbst in jeder Aktivität verwirklichen. Das ist nicht unbedingt leicht! Es ist eine richtige Kunst, es ist eine Lebenskunst, dieses Nicht-Selbst in jedem Moment zu verwirklichen.

Auf diese Weise lernen und üben wir, aus dem Herz-Geist zu leben, offen und aufrecht, und nicht (nur) aus dem Köpfchen. Wenn wir nur intellektuell verstehen, neigen wir zu schnellem Bewerten und Verurteilen, teilen die Welt auf in gut und schlecht, weiß und schwarz.

Sei dir bewusst, wie du jetzt, in diesem Moment ein und ausatmest, sei dir bewusst, wie du jetzt bist und was dich treibt. Akzeptiere und umarme dich, so wie du jetzt bist. Was du auch siehst, setze dich nicht dagegen ab, unterdrücke es nicht, umarme es, lass es sein und wende dich dann wieder dem Atem zu. Zufriedenheit, Unzufriedenheit, Trauer, Ärger, Eifersucht, Liebe, Gier, Glück – letztendlich zeigt sich alles, was dich bewegt und treibt. Manchmal haben wir vielleicht das Gefühl, Zen biete auch keine Lösung. Das stimmt! Solange wir die Illusion hegen, es gebe so etwas wie ein Zen außerhalb von uns. Atme ein, atme aus, und auch Zen ist verschwunden! Höre, wie der Wind weht, und auch die, die hört, ist verschwunden!

Wir brauchen durchaus Mut, uns hinzusetzen und dieses Selbst als Wahrheit zu verwirklichen. Letztendlich ist es das, was der Buddha getan hat: Er hat sich hingesetzt. Im Sitzen des Buddha liegt die Wurzel des Buddhismus. Im Sitzen entdeckte der Buddha das Selbst, das vollkommen frei und nicht durch Ideen und Vorstellungen gebunden ist.

Aber auch der Buddha hat dies nicht sofort erreicht. Auch er ist durch Prozesse gegangen, die wir alle auf unsere Weise durchmachen.

Die Zenübung ist eine Entdeckungsreise durch das Land, das wir »Ich« nennen. Und die größte Entdeckung, die wir machen können ist die, dass es ein solches beständiges Ich nicht gibt! Von Moment zu Moment entsteht (und vergeht) ein neues Ich, ein Selbst, das alles umfasst und das immer *in* einer Beziehung und *wie* eine Beziehung entsteht. Eine Blume sehen, ein Motorrad hören, Schmerzen fühlen, etwas Süßes schmecken, einen Gedanken denken, einatmen, ausatmen – wer bist du in diesem Moment? Leben ist Bewegung, und wir entdecken, dass Leiden entsteht, wenn wir nicht in der Lage sind, diese sich fortwährend ändernde Bewegung zu leben. Meist halten wir an Ideen fest über uns selbst und über die Welt. Wir versuchen etwas festzuhalten, was schon längst nicht mehr da ist, und das tut natürlich weh! Es ist, als säße man in einem fahrenden Auto bei geöffnetem Fenster und wollte das Geäst draußen festhalten.

So sind wir nicht imstande, die Blume zu sehen und uns selbst als Blume zu verwirklichen. Deswegen üben wir Zen, um die Blume zu sehen und Tee zu trinken. Denn normalerweise trinken wir den Tee nicht wirklich, sondern unseren Ärger, unsere Ungeduld oder unsere Verliebtheit.

Jemand fragte Meister Chao-chou: »Was ist die Essenz des Zen?« Was würdest du darauf antworten? Frei sein, dich entspannen oder besser konzentrieren können? Oder ruhiger, glücklicher, ehrlicher sein?

Meister Chao-chou antwortete: Die Eiche im Vorgarten!

Eine interessante Antwort! Kein Wort von der eigenen Befindlichkeit. Und doch hat Meister Chao-chou nur über sich selbst gesprochen. Was ist die Essenz des Zen? Die Eiche im Vorgarten!

Vorliebe, Abneigung? Diese Eiche im Vorgarten ist frei von »wählerischer Wahl«.

»Den Buddhaweg studieren ist das Selbst studieren. Das Selbst studieren ist das Selbst vergessen. Das Selbst vergessen ist erleuchtet werden von den zehntausend Dharmas.«

Dann muss es also außerhalb der Eiche noch neuntausendneunhundertneunundneunzig weitere Möglichkeiten geben!

Hung-chih Cheng-chüeh

SCHWEIGENDE ERLEUCHTUNG/ HEITER-GELASSENES WIDERSPIEGELN

Schweigend und heiter-gelassen sind alle Worte
    vergessen;
leuchtend klar und lebensvoll erscheint es vor dir.
Wenn du seiner gewahr wirst, ist Zeit ohne
    Grenzen.
Wenn du's erfährst, wird dein Lebenskreis lebendig.
Ein einzigartiger Spiegel ist diese strahlende
    Bewusstheit –
voll von Wundern, die lautere, reine Erleuchtung.
Das Licht des Mondes, ein Strom von Sternen,
Schnee auf den Föhren, Wolken auf den Gipfeln.
In der Finsternis liegt ihre strahlende Helle,
ihr Schatten ist ein gleißendes Licht.
Wie der Traum eines Kranichs im leeren Raum,
wie das stille, klare Wasser eines Teiches im Herbst,
lösen sich endlose Zeiträume auf im Nichts,
ununterscheidbar und ungetrennt.
In diesem Spiegeln endet alles gezielte Wollen –
wo ist dieses Wunder zu finden?
Helligkeit und Klarheit verbannen die Wirrnis
auf dem Pfad zur Schweigenden Erleuchtung,
dem Ursprung des unendlich Kleinen.
Um das unendlich Kleine zu durchdringen,
    existiert

ein goldenes Schiffchen auf einem Webstuhl aus
    Jade.
Subjekt und Objekt beeinflussen einander,
Licht und Finsternis hängen voneinander ab.
Da ist weder Geist noch Welt, sich darauf zu
    stützen,
und doch sind die beiden im ewigen Wechselspiel.
Schluck die Medizin der korrekten Ansicht,
schlage die giftverschmierte Trommel –
Sind Schweigen und Widerspiegeln vollendet,
sind Töten und Leben-Schenken deine
    Entscheidung.
Endlich trittst du hervor durch das Tor;
die Frucht ist auf dem Zweige gereift.
Einzig dieses Schweigen ist die letzte Lehre,
einzig dieses Spiegeln die umfassende Antwort.
Mühelosigkeit ist diese Antwort,
die Lehre wird nicht mit dem Ohr gehört.
Von allen Dingen, die den Kosmos durchdringen,
geht Licht aus und verkündet das Dharma.
Sie legen Zeugnis ab voneinander,
beantworten einander ihre Fragen,
gegenseitig antwortend und bezeugend
im Einklang absoluter Harmonie.
Wenn der Spiegelung die Heiterkeit fehlt,
treten Unterscheidungen zutage;
gegenseitiges Bezeugen und Antworten
lässt Disharmonie entstehen.
Wenn die Heiterkeit das Spiegeln vergisst,
wird sie verschwendet und wertlos.
Ist heiter-gelassenes Widerspiegeln da,
dann blüht der Lotos, der Träumer erwacht,
die hundert Flüsse münden endlich

in den unermesslichen Ozean,
die tausend Berge stehen dem Berg gegenüber.
Wie die Gans, die lieber Milch trinkt als Wasser,
wie die geschäftige Biene beim Pollensammeln –
Wenn heiter-gelassenes Widerspiegeln den Gipfel
    erreicht,
trägst du den eigentlichen Sinn dieser Schule weiter.
Dies ist die Praxis des heiter-gelassenen
    Widerspiegelns –
sie dringt durch vom Tiefsten zum Höchsten.

Hisamatsu Shin'ichi

RAUPE UND SCHMETTERLING

Der Weg des Seins ist von einer Art, die nirgendwoher gegeben oder gelehrt wird, sondern geboren wird aus dem innersten Kern des Ich-selbst. Man könnte es mit einer Raupe vergleichen, die sich verpuppt und schließlich ihre Puppenschale durchbricht als Schmetterling. Es ist nicht so, dass die Puppe sich mit dem Schmetterling vereinigt, indem sie sich selbst aufgibt; sondern die Puppe verneint sich selbst, erlangt Freiheit von sich selbst, und *wird* so *selbst* zum Schmetterling. Der Schmetterling aber ist das Eigentliche. Das ist vergleichbar dem Buddha im eigentlichen Sinne des Buddhismus, das heißt dem wirklichen, dem definitiven Buddha.

Es gibt nun verschiedene äußere Mittel und Wege für den Schmetterling, die Puppe zu durchbrechen und herauszukommen; aber sie sind nicht das Wesen des Buddha, sie sind nichts anderes als eben nützliche Mittel *(upaya)*. Denn sie sind nicht das ursprüngliche, handelnde Subjekt, sondern nur dessen Wirkungsweise ... Vom Standpunkt der Puppe scheint es, als ob der Schmetterling als sowohl Ausgangspunkt als auch Ziel ihrer Transformation etwas anderes außerhalb der Puppe sei; aber er ist nichts anderes als das, was bei ihrem Durchbruch aus ihrer Hülle sich entwickelte. Es gibt keine andere handelnde Ursache. Für jede Puppe ist der Schmetterling ihre eigene ursprüngliche Form, der Weg ihres eigenen wahren wirklichen Wesens.

Martin Frischknecht

MEDITATION IM DURCHZUG

Die Fakten: Vom 4. bis 9. Mai 1997 meditierte in der Offenen Kirche Elisabethen in Basel eine Gruppe von zwanzig Teilnehmern aus einem halben Dutzend Ländern unter der Leitung des amerikanischen Kriegsveteranen und Zenpriesters Claude An-Shin Thomas. Was sonst in ländlicher Abgeschiedenheit stattfindet, spielte sich nun mitten in einer Stadt ab, in einer Kirche, deren Türen tagsüber offen stehen. Statt im Rückzug meditierte die Gruppe vielmehr im Durchzug. Die Teilnehmer schliefen und aßen in der Kirche; der Hausherr, Pfarrer Hans Ruedi Felix, beteiligte sich am Retreat.

Das Einüben von Achtsamkeit in allen Lebenslagen war das wichtigste Ziel. Im Laufe der Tage wurde die einheimische Bevölkerung zunehmend auf die Veranstaltung aufmerksam, was die Teilnehmerzahl zeitweise auf das Doppelte anwachsen ließ.

Die Bilder: Schwarze Sitzkissen mit Unterlagen zu einem Quadrat angeordnet im Zentrum einer neugotischen Kirche. Unter dem farbigen Kirchenfenster mit einem am Kreuz leidenden Christus sitzt ein kahlköpfiger Zenmönch in schwarzweißer Robe. Gut zwei Dutzend Menschen ziehen auffällig gemächlich und entspannt durch Basels Geschäftsstraßen, als ob sie nichts weiter zu tun hätten als dieses Schlendern; von den vorübereilenden Passanten ernten sie erstaunte bis verängstigte Blicke. – Um Mitternacht huscht der Mönch geräuschlos durch das gespenstisch dunkle Kirchenschiff; über ihm in den Emporen schlafen die Teilnehmer auf Zivilschutzmatratzen wie einquartierte Flüchtlinge, links die Männer, rechts die Frauen …

Ich will hier nicht die Geschichte eines Retreats erzählen, ich will von etwas anderem berichten. Von einer Beziehung, bei der es mich, wie man so sagt, erwischt hat. Endlich ist das geschehen, was ich mir schon lange sehnlichst gewünscht habe – und wovor ich mich zugleich aber auch fürchtete. Mit gutem Grund, denn Beziehungen solcher Art rütteln an meinem Selbstverständnis; sie bedrohen meine Identität und schieben mich über eine Schwelle. Wer weiß denn, wie einem Schmetterling zumute ist, wenn er seinem Kokon entschlüpft? Wir meinen, er freue sich auf Freiheit und Schönheit, die ihn draußen erwarten. Ich meine zu wissen, dass den Schmetterling genauso die Verzweiflung treibt und dass er Angst empfindet vor der Haltlosigkeit der Luft. Wenn bei mir so etwas losgeht, dann weine ich, statt zu lachen. Weil mir bewusst wird, dass ich Abschied nehmen muss, Abschied von dem, was ich zuvor für Beziehung gehalten habe. Das Spiel ist aus, die Gegenwart hat mich erwischt; in ihr koste ich die bittere Süße von Vergangenheit und Zukunft. Das Spiel zu spielen hat für mich geheißen, mich mit Spiritualität, namentlich mit verschiedenen Richtungen des Buddhismus zu beschäftigen. Das alles war wichtig und gut. Heute kommt es mir vor, als hätte ich dabei Erfahrungen gesammelt wie andere Leute Briefmarken und Münzen. Ein ansehnliches Album ist dabei entstanden mit dem hübschen Titel »Meine Spiritualität«, ein Sparheft mit Einlagen, deren Wert sich bei der großen karmischen Abrechnung zu meinen Gunsten auszahlen müsste. Nun hat die Sache unverhofft Dringlichkeit erhalten. Mir steht der Sinn nach einem Versilbern der »Spiritualitäten-Sammlung«. Ich will wissen, was das Zeug, welches sich da angesammelt hat, wirklich wert ist, wie die Belehrungen und Übungen sich hier und jetzt verwerten lassen. So besehen erweist sich nur weniges als von Bestand. Und wenn ich nicht ganz bei mir bin und im gegenwärtigen Augenblick, so zählt selbst dieses wenige nichts.

Das merke ich zum Schluss des Retreats bei den so genannten Aufräumarbeiten. Das offizielle Programm und damit die letzte der gemeinsam durchgeführten Meditationen ist vorbei, die Hälfte der Teilnehmer bereits abgereist, als ich mich als Veranstalter mit dicken Bündeln von Banknoten zwischen Hemd und Bauch auf den Weg mache zur nächsten Poststelle, wo ich das gesammelte Geld einzahlen und möglichst schnell loswerden will. Der Schalterbeamte schüttelt den Kopf, als ich ihm die Haufen zusammen mit einem Zahlschein rüberschiebe. Ich soll ordnen und zählen und dann mit einem klaren Zahlungsauftrag zurückkehren. Das nimmt er mir nicht ab.

Also bleibt mir nichts anderes übrig, als mich in eine Ecke des Postraums zu stellen und auf einem von überall her einsehbaren Tisch das ganze Geld auszubreiten. Was für ein Stress, die Geldscheine zu sortieren und gleichzeitig nach links, rechts und hinten Ausschau zu halten nach möglichen Bösewichtern! Vorbei ist es mit dem edlen Gleichmut, der mich während der vergangenen Tage wie eine undurchdringliche Aura zu umgeben schien.

Das ist die Bewährungsprobe, das heißt, um im Vokabular des Retreats zu bleiben, meine Aufregung ist eine »Glocke der Achtsamkeit«. Die Kirchenglocken waren es, Claudes Klangschale war es, aber auch die vorbeirollenden Straßenbahnen, die Flugzeuge, die knarrenden Holzdielen und die ins Schloss fallenden Türen – alles Anstöße von außen, die den, der sie wahrnimmt, zurückbringen zum Fluss des Atems: ein, aus, ein, aus, nur beobachten und wenn möglich drei Mal ganz aufmerksam dabei sein. Das ist das ganze Geheimnis hinter dem Wunder der Achtsamkeit.

Ob es auch funktioniert beim Geldzählen, bleibt zu prüfen.

Ein, aus. Etwas entspannt sich, während die Finger mit den farbigen Papieren rascheln. Ein, aus. Ich erinnere mich an das Geldzählen während der Lehrzeit, denke daran, wie sehr sich die Spannung meines Lehrmeisters, dem diese Scheine alles bedeuteten, auf mich übertragen hatte. Stets begleiteten mich beim Zählen seine misstrauisch lauernden Blicke. Ein, aus. Unwillkürlich schüttle ich leicht den Rücken. Ein, aus. Mein Zorn über den Schalterbeamten verflüchtigt sich. Ich überreiche ihm die Scheine schön geordnet, Köpfe übereinander. Er versieht die Stöße beim Zählen mit Büroklammern, nickt anerkennend und überreicht mir die Quittung: »Danke« – »Gern geschehen.« Es kommt noch schlimmer: Wenn ich diese Episode über Achtsamkeit schreibe und ich derweil nicht achtsam bin, wenn ich beim Formulieren und Tippen meinen Atem vergesse, so ist alle Mühe, die ich mir damit mache, umsonst. Denn es gibt tatsächlich keine andere Zeit als die gegenwärtige. Im unmittelbaren Augenblick ist alle Vergangenheit und Zukunft enthalten.

Meditation heißt nicht, es fertig zu bringen, ohne Störungen ganz im Hier und Jetzt zu sein. Meditation ist ein großes Ja dazu, sich ständig Chancen einzuräumen, ins Hier und Jetzt zu gelangen und es immer und immer wieder zu versuchen. Vergleichsweise leicht fällt diese Übung, wenn man dazu mit anderen zusammen in einem abgeschlossenen Raum ruhig dasitzt. Schwieriger wird die Sache bei offen stehenden Türen mit der ausdrücklichen Einladung an alle, die den Raum betreten, sich an der Meditation zu beteiligen. Claude AnShin Thomas schätzt diese offene Art der Übungsanlage über alles. Er bezeichnete die Offene Kirche Elisabethen als ideales Zendo; übertroffen werde sie nur von einem öffentlichen Park in New York, wo er mit Teilnehmern eines so genannten Straßen-Retreats neben Fixern und Alkoholikern meditiert hatte. Trotz allen Beifalls, den er in der Öffentlichkeit für solche Aktionen erntet, fällt es nicht eben leicht, für solche Veranstaltungen Meditierende zu finden, die willens sind, sich darauf einzulassen. Doch die Gewinnaussichten eines solchen Versuchs sind zu verlockend, als dass er wegen der vermeintlichen Störfaktoren leichtfertig ausgeschlagen werden sollte ...

»Die Wunden des Krieges heilen« – so lautete der Titel des Retreats – ist ein riesiger Anspruch, verbunden mit einem enormen Versprechen. Ich muss gestehen, dass es mir noch heute fast den Atem verschlägt, wenn ich daran denke, worauf wir uns da eingelassen haben: Ein Thema, von dem wir Schweizer, also die Mehrheit der Retreat-Teilnehmer, meinen, nicht mehr als den Schimmer einer Ahnung zu haben. Dass der Schein gerade in Sachen Krieg oftmals trügt, haben zwar die jüngsten Enthüllungen über das Verhalten der Schweizer Politik und Wirtschaft während des zweiten Weltkriegs bewiesen.

Doch Hehler, Mitwisser und Opportunisten sind eben weniger sichtbar vom Krieg betroffen als Täter und Opfer. Sie haben eine andere Art von Leiden durchgemacht und sie haben es auf andere Weise verdrängt als aktiv am Krieg Beteiligte. Was aber nicht heißt, dass es uns den Atem verschlagen muss, wenn Letztere vom Krieg reden und den damit verbundenen schrecklichen Erlebnissen. Sie müssen reden, und wir anderen, wir scheinbar Verschonten und Unbeteiligten, sollen zuhören. Denn Versehrte und Verschonte sind auf Gedeih und Verderb miteinander verbunden. Dies zumindest betont Claude AnShin Thomas bei jeder Gelegenheit, die sich ihm bietet, um von seinen Kriegswunden öffentlich zu sprechen. Im Krieg sei ihm bei lebendigem Leibe die Haut abgezogen worden, das habe ihn besonders empfänglich gemacht für die Wahrnehmung kriegerischer Tendenzen auch in scheinbar friedlichen Gesellschaften, und diese Wahrheit müsse er zum Nutzen beider Seiten gerade auch mit den Arglosen teilen.

Das ist eine verfängliche Ansicht. Wer sie an sich heranlässt, läuft Gefahr, sich selbst und seine Umwelt unter ganz neuen, kriegerischen Gesichtspunkten wahrzunehmen. Die buddhistische Rede vom Leben als einer fortgesetzten Erfahrung von Leiden erhält dadurch unverhofft eine wenig angenehme Bestätigung, und das eigene Denken und Handeln wird als eigentlicher Motor im Kreislauf von Verstrickung und Leiden erkannt. Das an sich selbst zu sehen schockiert. Zugleich vermindert es eine zuvor sorgfältig gewahrte Distanz von sich, »dem Friedfertigen«, zu jenen anderen, die Mord und Totschlag hinter sich haben oder mittendrin stehen.

So geschah es, dass ich mich im Verlauf eines längeren Rundfunkgesprächs während Sekundenbruchteilen vor meinem geistigen Auge in einem höchst widersprüchlichen Bild erkannte. Mein Gegenüber, ein in der Schweiz lebender, politisch und therapeutisch aktiver Jude, mit dem ich über offenen und versteckten Judenhass in unserer Gesellschaft diskutierte, hatte geistesgegenwärtig eine Frage von mir mit einer Gegenfrage aufgefangen und lächelnd an mich zurückgereicht. Ich lächelte auch, sagte etwas, hoffentlich nicht minder Schlaues, und führte das Gespräch weiter, als ob nichts geschehen wäre. Doch ich hatte es gesehen und konnte es seitdem nicht mehr vergessen: Zornentbrannt war ich aufgesprungen und hatte dem anderen meine Hände um den Hals gelegt. Erwürgen hätte ich ihn können vor Wut, dass er sich im Gespräch nicht meiner Führung untergeordnet hatte. »Das bist du, auch das«, hatte sich mir seit jenem kurzen Aufblitzen eines inneren Bildes die Einsicht aufgedrängt. Ich hatte es gesehen, und davon gab es kein Zurück. Wie staunte ich, als ich nach einer Sitzmeditation in Basel die Augen erhob und gerade jenem Gesprächspartner von damals ins Gesicht blickte. Er war gekommen, weil er durch einen Medienbericht auf die Veranstaltung in seiner Heimatstadt aufmerksam geworden war. Da hatte er sich daran erinnert, dass ich etwas mit der Sache zu tun hatte. Es nervte ihn, dass da einer von Heilung in Zusammenhang mit Krieg sprach. Das stimmte in keiner Weise mit seinen eigenen Erfahrungen überein, die er als Soldat der israelischen Armee in Kriegszeiten gemacht hatte. Darüber wollte er diskutieren.

»Was habe ich mit all dem zu tun?«, fragte ich mich, als ich neben den beiden ehemaligen Kriegern saß. Deren Erfahrungen und Versuche, das Erlittene zu verarbeiten, glichen sich auf so frappierende Weise, dass sie sich im Verlauf des Gesprächs unweigerlich näher kamen. Derweil schwankte ich zwischen Ergriffenheit und Entsetzen. Wenn bloß nicht jenes Bild gewesen wäre von mir als dem zornentbrannten Würger. Das zeigte mir, dass ich hier sehr wohl dazugehörte, und das konnte ich nicht vergessen.

Damit wird deutlich, von welcher Beschaffenheit die Beziehung ist, die ich eingangs erwähnte; die Beziehung, von der ich sagte, sie habe mich »erwischt«, und die ich mit dem Bild vom Kokon und dem Schmetterling zu charakterisieren versuchte.

Selbstverständlich ist damit zunächst die Beziehung gemeint, die sich zwischen Claude AnShin Thomas und mir entwickelt. Sie ist die erste Türe, die aufging und nicht mehr zu und hinter der unendlich viele weitere Türen aufzugehen scheinen. Mir kommt es vor, als ginge es bei dieser Reise des Erwachens vor allem um Beziehung. Wenn ich mir erlaube, achtsam zu sein, lerne ich mich selbst besser kennen und komme mir näher. Dass daraufhin andere mich besser erreichen können und ich von ihnen lernen kann, ergibt sich daraus wie von selbst. Türen gehen auf, vermeintliche Störungen erweisen sich als »Glocken der Achtsamkeit«, und Schalterbeamte werden zu Lehrmeistern.

Das mag nach frommer Theorie klingen, ist es aber nicht. Mir ist schon zigfach erklärt worden, dass auf dieser Welt alles mit allem in Verbindung stehe und wir untrennbar miteinander verbunden seien. Ich hab's gehört, hab dazu genickt und es so weit so edel gefunden. Doch jetzt habe ich gesehen, wie dieser Mann sich vor seinem Meditationskissen verneigt und dazu erklärt, er tue es aus Dankbarkeit, weil ihn das Kissen bei der Meditation unterstütze. Denn er und das Kissen, das sei zwar zweierlei, doch im Grunde nicht verschieden. Diese Botschaft habe ich mehrmals vernommen und abgeklärt dazu gelächelt. Einmal aber hat sie mich auch wirklich berührt. Der Gedanke hat bei mir eingehakt, und seitdem kann ich ihn nicht mehr vergessen: »Dieses Kissen und ich? Ein und dasselbe? Also wirklich!«

WAHRNEHMUNGEN

In den Zen-Tempeln Japans gab es eine alte Sitte: Gewann ein Wandermönch das buddhistische Streitgespräch mit einem der dort ansässigen Mönche, so konnte er über Nacht bleiben; sonst musste er weiterziehen. Eines Abends kam nun ein solcher Wandermönch auf der Suche nach einem Nachtlager zu einem großen Kloster. Der Abt war sehr gelehrt, aber er war der Diskussionen müde, und so bat er seinen Bruder, der geistig etwas zurückgeblieben war und nur noch ein Auge besaß, das Streitgespräch zu führen. Der weise Abt sandte auch noch einen Mönch als Beobachter mit.

Der kam bald mit allen Zeichen der Ratlosigkeit zurück und erzählte, ein Gespräch habe gar nicht stattgefunden, es sei aber auch schon zu Ende. Der Abt wurde neugierig und fragte nach dem Ablauf. Der Mönch erzählte, der Besucher habe nur stumm einen Finger hochgehalten. Dann habe der verehrte Bruder mit dem Hochhalten zweier Finger geantwortet und der Besucher wiederum mit drei Fingern. Darauf hätte ihm der Einäugige eine schallende Ohrfeige gegeben, und der Besucher hätte sich verbeugt und den Raum verlassen.

Etwa zehn Minuten später kam der Wandermönch recht niedergeschlagen zum Abt und meinte: »Ich werde mich zum Schlafen ans Flussufer zurückziehen; gegen einen so großen Geist hatte ich doch keine Chance, und ich möchte mich von dir verabschieden.« »Bevor du gehst, erzähle mir doch bitte den Verlauf des Gesprächs«, bat der Abt. »Nun gut«, sagte der Wanderer, »zuerst hielt ich einen Finger hoch – der repräsentierte Buddha. Daraufhin hielt er zwei Finger hoch – für Buddha und seine Lehre. Da hielt ich drei Finger hoch – für Buddha, seine Lehre und die Gemeinschaft seiner Anhänger. Da gab er mir eine Ohrfeige als Symbol der letztendlichen Einheit aller drei. Ich sah ein, dass ich verloren hatte, verbeugte mich und ging in den Garten, um mich zu beruhigen.« Damit verabschiedete sich der Wandermönch und zog weiter.

Kurz darauf kam der Einäugige mit hochrotem Kopf in das Zimmer des Abtes: »Wo ist dieser freche Mensch, eine solche Behandlung brauche ich mir nicht gefallen zu lassen.« Der gelehrte Bruder fragte verwundert: »Was ist denn geschehen?« »Nun«, sagte der Mönch, »es begann damit, dass der Wandermönch einen Finger hochhielt, um mich auf hochnäsige Weise zu beleidigen, weil ich ja nur ein Auge habe. Ich wollte aber höflich sein, mich nicht provozieren lassen, und so hielt ich zwei Finger hoch, um ihm zu seinen beiden gesunden Augen zu gratulieren. Da hielt doch dieser unverschämte Mensch drei Finger hoch, um zu zeigen, dass wir zusammen nur drei Augen haben. Das machte mich so wütend, dass ich ihm eine Ohrfeige gab – da verbeugte er sich spöttisch und ging weg. Zuerst habe ich mir eingeredet, ich könne das einfach so wegstecken, aber jetzt möchte ich ihm doch lieber eine gesunde Tracht Prügel verabreichen. Vielleicht überlegt er dann das nächste Mal, bevor er einen Behinderten verspottet.«

ALLTAGSGEIST
IST
DER WEG

Jemand, der leicht beeinflussbar ist und gerne liest, ist spät abends in eine überzeugend geschriebene Geistergeschichte vertieft. Er glaubt, den Geist im Haus mit allen Sinnen wahrzunehmen, versperrt die Tür, zittert vor Angst und ist einem Herzanfall nah. Er weiß genau, dass alles nur Einbildung ist, etwas, das ihm seine Lektüre und seine Phantasie vorgaukeln – das ist seine »Ursprüngliche Einsicht«, die ihm nie verloren gegangen ist. Aber in der Praxis akzeptiert er den Geist und wird von ihm physisch beeinflusst. Jedes Knarren der Möbel und jeder Windstoß verstärkt seinen – eigentlich unechten – Glauben an den Geist. Unter dem Aspekt der Ursprünglichen Einsicht ist es nicht notwendig, irgendetwas zu tun, denn der Geist hat keinerlei Existenz. Unter dem Aspekt der praktischen Wirklichkeit aber muss er eine Möglichkeit finden, seinen Geist von den Gedanken zu befreien, die auf der Annahme der Existenz des Geistes beruhen, und zu seiner Ursprünglichen Einsicht zurückkehren. Doch wenn er dieses Ziel als eine Art von Beschwörung zum Töten des Geistes auffasst, verstärkt er nur dessen (subjektive) Existenz und verdunkelt die Ursprüngliche Einsicht.

Auch die Aussage, der Zweck der Übung sei seine Befreiung von dem Geist, ist ein Holzweg; es hat ja nie einen Geist gegeben. Die Praxis der Einsicht ist ihr eigenes Ende. Die Möbel knarren und der Wind heult, das Haus aber ist immer ungestört.

Albert Low

ALLTAGSGEIST IST DER WEG

Joshu fragte Nansen: »Was ist der Weg?« Nansen antwortete: »Alltagsgeist ist der Weg.« »Wie findet man ihn?« »Je mehr du versuchst, ihn zu finden, desto mehr stößt du ihn weg.« »Woher weiß man, dass man auf dem Weg ist?« »Der Weg hat nichts mit Wissen zu tun, aber er ist nicht Nicht-Wissen. Wissen ist trügerisch, Nicht-Wissen mangelnde Unterscheidung. Es ist wie weiter Raum. Wo gibt es da Platz für dies und jenes, ist und ist nicht?« Hierbei kam Joshu zu plötzlichem Erwachen.

Mumons Kommentar

Joshu kam auf einmal mit dieser Frage zu Nansen, der es erklärte; aber wenngleich das Eis schmilzt, ist der Abfluss trotzdem verstopft. Obwohl Joshu zum Erwachen gekommen ist, muss er noch weitere dreißig Jahre daran arbeiten, bevor er es vollständig erfassen kann.

Mumons Vers

Im Frühling die Blumen;
im Sommer leichter Wind;
im Herbst der Mond;

der Schnee im Winter.
Wenn der Geist nicht getrübt ist von unnützen Dingen,
ist dieser Tag im Menschenleben ein glücklicher Tag.

Kommentar

Am Montreal Zen Center betonen wir immer wieder, dass man keinen besonderen Geisteszustand braucht, um Zen zu üben. Wir müssen immer dort anfangen, wo wir sind. Manche Leute, die die Erleuchtungserlebnisse von anderen gelesen haben, strengen sich ungeheuer an, in ihre Übung »hineinzukommen«, sie arbeiten schwer, spannen den Körper an und quetschen das Letzte aus ihrem Geist. Doch das Einzige, in was man so hineinkommt, ist die Anstrengung, in die Übung hineinzukommen. Viel von dieser Anstrengung ist Drama, und man könnte sagen, je weniger Vertrauen man hat, umso mehr Drama wird nötig sein.

An manchen Zentren wird der Stock in einer unbarmherzigen Weise eingesetzt; an anderen ist es den Teilnehmern einer Meditationswoche verboten, während dieser Woche zu schlafen – die Absicht dabei ist, die Leute in einen Zustand der Verzweiflung zu treiben, so dass sie ihre ersten Koans durchbrechen. Für manche Leute mag dies tatsächlich Einsicht herbeiführen, doch selbst für sie ist ein solcher Weg häufig unergiebig, wenn man im Auge hat, eine Wandlung des ganzen Menschen zu bewirken. Ich habe mit Leuten gearbeitet, die solche Behandlung durchgemacht hatten; es stellte sich heraus, dass die meisten von ihnen in reflexartigen, konditionierten Antworten auf Koans feststeckten, und manchmal hat es Jahre gedauert, erlittene Schäden wiedergutzumachen.

Spirituelle Arbeit kommt aus einem Bedürfnis nach der Wahrheit. Wir alle kennen die Wahrheit, denn wir sind die

Wahrheit. Tatsächlich suchen wir die Wahrheit, eben weil wir die Wahrheit sind; tatsächlich suchen wir Einheit, eben weil wir eins und vollkommen sind. Der Heilige Augustinus soll gesagt haben: »Wenn du mich nicht schon gefunden hättest, würdest du mich nicht suchen.« Wir leiden, gerade weil wir vollkommen sind.

Unser Problem ist, dass wir der Wahrheit den Rücken gekehrt haben, um ihr Spiegelbild in der Erfahrung zu suchen. Hakuin hat ein Bild gemalt von einem kleinen Affen, der versucht, die Spiegelung des Mondes aus dem Wasser zu fischen – ein sehr schönes Bild unserer ganzen Misere.

Wir suchen die Einheit in dem, was wir Glück, Erfolg, Besitz, Macht und so weiter nennen, doch sie scheint sich uns immer zu entziehen – was sie in der Tat auch muss, denn niemals können wir Wahrheit in Spiegelungen finden. Aber selbst wenn wir der Wahrheit den Rücken zugewandt haben: Sie ist immer da. Um sie zu finden, müssen wir die Spiegelungen loslassen und uns umdrehen. Tun wir das, wird es uns so vorkommen, als ließen wir alles los, was uns lieb und teuer ist: unsere Werte, Hoffnungen und Leistungen. Sogar Bedeutung selbst wird geopfert werden müssen. Es wird uns so vorkommen, als begingen wir spirituellen Selbstmord. Wo können wir die Kraft dazu finden?

Wir finden sie im Ehrlich-Sein, im Anerkennen, dass sich hinter unseren Hoffnungen, Träumen und dergleichen der tiefe Schmerz verbirgt, verloren zu sein, fern der Heimat zu sein. Es ist der Schmerz, der daher rührt, zu leben. Übung bedeutet den Mut haben, eins mit ihm zu sein. Wie es in der *Hymne am Vorabend der Kreuzigung Jesu* heißt: »Wenn du zu leiden wüsstest, hättest du die Kraft, nicht zu leiden.«

Vielleicht ist »leiden« ein zu gewichtiges Wort. Gemeint ist hier jenes Gefühl, dass das Leben irgendwie nicht ganz stimmt, dass etwas Entscheidendes in unserem Leben einfach versickert, einfach schwindet. Es ist ein Leiden aus dem Wissen heraus, dass wir gerufen werden, ohne dass es uns jedoch gelingt, dem, was uns ruft, ein Gesicht oder eine Form zu geben. Gurdjieff spricht von dem »großen bösen inneren Gott Selbstberuhigung«, und es ist genau dieser Gott, der zwischen uns und der Welt Puffer errichtet, Puffer aus herrlichen Träumen und Hoffnungen auf das Unmögliche. Nach Erwachen streben, sich in der Übung anstrengen, zu einer spirituellen Gruppe gehören, die es wirklich weit bringt – das alles errichtet wunderbare Puffer. Der Weg ist, diese Puffer als das zu sehen, was sie sind. Der Weg ist, im Augenblick zu leben, zu sein, wo man ist, und sich nicht von dort weg zu wünschen. Das ist, in den Worten der Hymne, zu wissen, wie man leidet.

Spirituelle Übung lässt sich mit einer Situation beim Zelten vergleichen, wenn man mit einem einzigen Streichholz Feuer machen möchte, aber alles verfügbare Brennmaterial ein bisschen feucht ist: Zuerst sucht man sich ein paar von den trockeneren Blättern und zündet sie an; dann legt man vorsichtig einige andere Blätter darauf, dann noch ein paar mehr; dann nimmt man Zweige dazu, erst kleinere, dann größere. Schließlich kann man ganze Äste, zunächst kleinere, dann die dickeren, aufschichten, und bevor du weißt, wie dir geschieht, lodert ein kräftiges Feuer auf, groß genug, einen ganzen Wald niederzubrennen.

Versucht man, gleich die großen Äste anzuzünden, um auf der Stelle ein loderndes Feuer zu haben, geht bloß das Streichholz aus. Im Neuen Testament gibt es eine Geschichte über die zwei Scherflein einer Witwe. Zwei Scherflein waren etwa einen Pfennig wert. Das war alles, was sie hatte, und sie gab es. Diese Scherflein waren genauso wertvoll wie das Vermögen, das ein reicherer Mensch geben konnte. Der Schlüssel zur Übung ist *Ehrlichkeit*, aber wenn man ehrlich ist, weiß man, wie schwer es ist, ehrlich zu sein. Und wenn man ehrlich ist, weiß man, wie sehr man danach strebt, einzigartig und etwas Besonderes zu sein, und wie sehr man unbedingt den Alltagsgeist übertreffen, über ihn hinausgehen, sich über ihn erheben will. Das Leiden in der Übung besteht darin, diesen Wunsch aufzugeben und sich dem zu stellen, was der Wunsch verborgen hat.

Eine meiner Lieblingsgeschichten im Zen handelt vom Boten eines chinesischen Kaisers; der Bote suchte nach einem ganz bestimmten Zen-Meister. Er hatte schon überall erfolglos gesucht, als er eines Tages zu einem Dorf kam und einer der Dorfleute sagte: »Ja, ich kenne ihn. Er lebt mit den Bettlern unter der Brücke.« »Mit den Bettlern!«, rief der Bote aus, »wie soll ich ihn erkennen?« »Ach, das ist leicht, er liebt Melonen. Nimm eine Melone mit; wer als Erster danach greift, ist der Meister, den du suchst.«

Alltagsgeist ist der Weg. Jemand hat in einem Kommentar zu diesem Koan gesagt, Alltagsgeist bedeute den von all seinen Widersprüchen befreiten Geist. Aber dann hätte Joshu fragen müssen: »Wie wird man seine Widersprüche los?« Alltagsgeist ist der Geist von Ehrgeiz, Gier und Neid, von Liebe und Angst, von Hass und Aggression, Mitgefühl und Dankbarkeit, alles durcheinander und alles vermischt. Selbstvertrauen und Überheblichkeit vermischt mit Bescheidenheit und Selbstabwertung, das eine vom anderen nicht zu unterscheiden. Man denkt an den Heiligen Paulus, der gesagt hat: »Denn ich tue nicht, was ich will; sondern was ich hasse, das tue ich.« Das könnte gut die Hymne des Alltagsgeistes sein.

Aber, fragt Joshu, wie finden wir den Weg? Sobald wir Alltagsgeist als den Weg betrachten, ist es höchstwahrscheinlich nicht mehr Alltagsgeist und nicht mehr der Weg. Um Alltagsgeist als den Weg zu sehen, muss man sein wie ein Dieb in der Nacht: Nichts aufstören, wenn man sich anschleicht. Woher sollen wir also wissen, dass wir auf dem Weg sind, wenn jede Bewegung, die wir machen, uns von ihm wegführt? Wissen heißt ergreifen, ergreifen heißt erstarren lassen. Aber nun einfach alles zu vergessen und glücklich nicht-wissend dazusitzen, ist auch nicht sinnvoll. Das ist das grundlegende Double-Bind.

Ummon hielt einmal einen Vortrag, in dem er sagte: »Diese Arbeit, die ihr im Zendo macht, ist die allerwichtigste Arbeit, doch wenn ihr zu einigem Erwachen kommen solltet, ist das nur dem zu verdanken, was ihr schon seid. Wenn ihr von Zen hört, geht ihr auf und davon und sucht es überall, aber dadurch entfernt ihr euch immer weiter von der Wahrheit. Heißt das, man sollte nicht nach der Wahrheit suchen? Nun, welchen anderen Weg gibt es noch außer diesen beiden? Den Weg der Wahrheit, der uns von unseren Vorfahren überliefert wurde? Seid vorsichtig!«

In dem Koan schwenkt Nansen plötzlich um: »Es ist wie weiter Raum.« Das ist der Angelpunkt des Koans. Hier liegt sein Biss. Auf der einen Seite sagt Nansen, Alltagsgeist sei der Weg, Alltagsgeist in seiner ganzen Dunkelheit und Verwirrung, seiner ganzen klaustrophobischen Enge. Auf der anderen Seite sagt er: »Es ist wie weiter Raum. Wo gibt es da Platz für dies und jenes, ist und ist nicht?« Widerspricht er sich jetzt selbst? Sagt er jetzt doch, dass der Weg nicht Alltagsgeist, sondern weiter Raum ist? Das würde das Koan und Nansens Aussage unsinnig machen. Wie sollen wir diesen plötzlichen Richtungswechsel von Nansen verstehen? Mumon fasst das alles wunderbar in seinem Vers zusammen:

Im Frühling die Blumen;
im Sommer leichter Wind;
im Herbst der Mond;
der Schnee im Winter.
Wenn der Geist nicht getrübt ist von unnützen Dingen,
ist dieser Tag im Menschenleben ein glücklicher Tag.

Joshu sagte später in seinem Leben, als er die Wahrheit, über die er gestolpert war, gründlich verdaut hatte: »Wenn ich hungrig bin, esse ich; wenn ich müde bin, schlafe ich.«

Mumon sagt: »Obwohl Joshu zum Erwachen gekommen ist, muss er noch weitere dreißig Jahre daran arbeiten, bevor er es vollständig erfassen kann.« Dieser Kommentar ist zu wichtig für uns, um sich ihm nicht zu widmen. Sagen zu können: »Wenn ich hungrig bin, esse ich, und wenn ich müde bin, schlafe ich«, das verlangt jahrelange Übung, um es zu ergründen, und weitere jahrelange Übung, um es auch zu tun. Die wirkliche Bedeutung des Erwachens wird oft missverstanden; viele Leute denken entweder, dass man mit dem Erwachen zwangsläufig wie Buddha ist, mit all der Weisheit, dem Mitgefühl und der Selbstbeherrschung von Buddha, oder dass es einfach eine weitere Erfahrung ist, die, wie alle Erfahrungen, kommt und geht. Keine von beiden Ansichten ist richtig.

Zen-Meister Isan gibt uns einen Einblick in die dreißig Jahre, die Joshu nach seinem Erwachen gearbeitet hat. Er sagt: »Wenn man wirklich erwacht ist und die wahre Natur erkannt hat, wenn man sie für sich erfahren hat, dann ist man in einem solchen Fall tatsächlich nicht mehr an die Pole der Übung gebunden. Aber normalerweise bleibt, auch wenn der ursprüngliche Geist durch Übung geweckt worden ist und man in wissender Einsicht plötzlich zum Erwachen kommt, doch immer noch die Trägheit der Gewohnheit, geformt seit Anbeginn der Zeit, so dass man sie nicht mit einem Schlag völlig loswerden kann. Ein solcher Mensch muss gelehrt werden, den Strom gewohnheitsmäßiger Vorstellungen und Ansichten, der vom immer noch wirksamen Karma verursacht wird, vollständig abzuschneiden. Dieser Reinigungsprozess ist die Übung. Ich sage nicht, dass man sich einer besonderen, strengen Disziplin unterziehen muss. Alles, was man zu wissen braucht, ist die allgemeine Richtung, die die Übung nehmen muss. Was dir gesagt wird, muss zuerst von deiner Einsicht angenommen werden; aber wenn dein Geist tiefgründiger geworden ist und sich auf unbeschreibliche Weise verfeinert, wird er spontan aus sich heraus verstehend und hell werden und niemals in den Zustand von Zweifel und Verblendung zurückfallen.«

In meinem täglichen Leben ist nichts,
als das, was mir jeweils von selbst zufällt.
Nichts ergreifend oder zurückweisend,
gibt es kein Hindernis, keine Trennung.
Ich habe kein anderes Ehrengewand
als der blauen Berge strahlende Klarheit.
Meine wunderbare magische Kraft
liegt im Wasserholen und Holzhacken.

Laie P'ang

Eines Tages fragte jemand Meister Ikkyu: »Meister, könnt Ihr mir bitte die Grundzüge der höchsten Weisheit niederschreiben?«

Ikkyu griff sofort zu Tinte und Pinsel und schrieb: »Aufmerksamkeit.«

»Ist das alles?«, fragte der Mann etwas enttäuscht. »Könnt Ihr dem nicht noch etwas hinzufügen?« Ikkyu schrieb daraufhin: »Aufmerksamkeit, Aufmerksamkeit.«

»Nun«, sagte der Mann in leicht gereiztem Ton, »in dem, was Ihr geschrieben habt, kann ich nicht viel Tiefes entdecken; gibt es nichts anderes zur höchsten Weisheit zu sagen?«

Daraufhin schrieb Ikkyu drei Mal hintereinander das gleiche Wort: »Aufmerksamkeit, Aufmerksamkeit, Aufmerksamkeit.«

»Was bedeutet das Wort Aufmerksamkeit eigentlich«, wollte der Mann nun gänzlich verärgert wissen.

»Aufmerksamkeit bedeutet Aufmerksamkeit«, sagte Ikkyu mit sanfter Stimme.

Dainin Katagiri

VERBUNDENHEIT

Wir können auf einer sehr tiefen intellektuellen Ebene begreifen, wie Wahrheit und Welt der Erscheinungen zusammenwirken. Sie sind nicht getrennt voneinander. Wir können durch
jede Religion die Erfahrung machen, dass Gott in uns ist, dass
die Wahrheit in uns ist. Das nennt man Erleuchtung. Das ist die
Einheit von Phänomen und Numen, von Welt und Wahrheit,
von Form und Leere. Es bleibt aber immer noch die Frage, wie
wir die Wahrheit, die Leere im Alltag, in den Formen erfahren
können. Leere und Alltag greifen ineinander, wir jedoch verstehen diese Einheit, diese ihre enge Verbundenheit miteinander
nicht genau; das bedeutet, wir haben keinen unmittelbaren An-
teil an dieser Verbundenheit. Wir nehmen diese Verbundenheit
nur von ferne wahr.

Das letztendliche Ziel besteht darin, an dieser Verbundenheit
selbst teilzuhaben. Aus ihr heraus gilt es zu leben. Das heißt, wir
müssen in der samsarischen Welt leben. Aus diesen Gründen
müssen wir auch nach der Erleuchtung weiter üben, und durch
diese ständige Übung begreifen wir allmählich, wie eng Wahrheit und unser Alltag zusammenwirken. Nach und nach können
wir das erkennen, nicht mit unserem Intellekt, sondern mit Körper und Geist. Dann können wir hören, wie eng sie zusammenwirken, wir können die Stimme ihrer Verbundenheit verneh-
men.

Form manifestiert sich im Alltag als Sitten und Gebräuche,
als Erziehung und soziale Struktur, als Moral und Ethik. Die

einzelnen Bräuche unterscheiden sich völlig von einer Kultur zur anderen, doch stets braucht es gewisse Verbindungen, damit Menschen in einer menschlichen Gesellschaft miteinander leben können. Das nennt man Kultur, Verfassung oder Gesetze. Das ist auch Sinn und Zweck von Ritualen und Zeremonien im eigenen Leben, der Sinn von Hochzeit und Bestattung. Nehmen wir an einem Ritual teil, können wir unsere enge Verbindung mit den einzelnen Bräuchen und Gewohnheiten spüren und erfahren, wie sie auf uns einwirken. Darin besteht die eigentliche Qualität von Leben.

In Japan gibt es einen bestimmten Nationalfeiertag, den Tag der Erwachsenen. An diesem Tag findet eine Zeremonie für die Zwanzigjährigen statt, die ihren Eintritt in das Leben der Erwachsenen kennzeichnet. Durch diese Zeremonie empfinden wir eine enge Verbindung zwischen Jugend und Erwachsenenalter. Wenn wir an dieser Zeremonie teilgenommen haben, fühlen wir uns danach nicht anders als zuvor; wir sind immer noch dieselbe Person. Und doch hat eine Veränderung stattgefunden. Durch diese Zeremonie werden wir zu einem Erwachsenen, zu jemand ganz anderem als zuvor, andererseits gibt es keinen Unterschied, wir sind noch die gleiche Person. Es gibt dann zwei Gefühle: Ich bin ein Erwachsener; ich bin kein Erwachsener. Durch die Zeremonie können wir die enge Verbindung spüren, die es zwischen diesen beiden Gefühlen gibt, ein Erwachsener zu sein und kein Erwachsener zu sein. Wir können diese enge Verbindung nicht analysieren, und doch gibt es eine neue Art von Festigkeit in unserem Leben, hier und jetzt. Und dieses Gefühl ist völlig frei von Vorstellungen von Erwachsensein oder nicht.

Das Gleiche gilt für andere Zeremonien oder Rituale. Wenn wir zum Beispiel eine Beerdigung abhalten, wissen wir nicht, wohin der Tote geht. Wir verspüren jedoch eine gewisse Erleichterung, da es eine Art enger Verbindung zwischen uns und dem Verstorbenen gibt. Auch wenn wir nicht wissen, wie sie genau aussieht, so gibt es diese enge Verbindung. Wird diese enge Verbindung Wirklichkeit, dann nennt man das ein Ritual oder eine Form. Eine Form in Bewegung ist ein Ritual. Rituale sind sehr bedeutsam für uns, weil wir durch die Teilnahme an einer Form Verbundenheit erfahren können. Die Verbundenheit, die wir durch ein Ritual erfahren können, ist etwas Unbegreifliches. Das nennen wir Nicht-Denken. Nicht-Denken heißt jenseits von Denken und Nicht-Denken gehen, jenseits von Erwachsen- oder Nicht-Erwachsensein. Form ist also nicht nur Form. Form umfasst sehr vieles; es ist eine große Welt, die wir erfahren können.

Wenn wir durch Verbundenheit Form sehen, dann wird Form zu einem heiteren Meer, in dem sich alle Wesen spiegeln. Genau genommen gibt es keine Spiegelung. Das Meer und alle Dinge sind eins, sie wirken zusammen. Das nennt man *samadhi*. Es gibt keine Trennung. Form wird zu einem klaren Spiegel, in dem alle Wesen zusammenwirken. Form ist das umfassende Wirken aller Wesen. Sie ist nichts Totes, sie wirkt ständig. Sie ist reine Praxis. Wenn ihr Form als etwas anseht, das keine Eigenschaften hat, keine Tiefe, gleichsam als ein Stück Papier, wenn ihr, anders ausgedrückt, Form als Mittel gebraucht, dann ist Form etwas Totes. Form ist etwas sehr Wichtiges, weil sie in der Tat etwas Tiefes, etwas Unergründliches ist.

Ob uns eine bestimmte Form ein Gefühl von Verbundenheit vermittelt, im Gegensatz zu jeder anderen Übung, die Menschen in ihrem Alltag praktizieren, hängt von jedem Einzelnen ab und davon, wie wir mit dieser Form in unserem Leben umgehen. Wenn wir mit Form moralisch umgehen oder im Sinne von sozialen Gepflogenheiten, dann wird sie zur Kultur, zu Regeln, Normen, Bräuchen und zu Moral. Wenn wir damit in einem religiösen Sinn umgehen, lernen wir etwas über die Verbindung des Lebens mit allen Wesen. Diese Art von Form ist umfassend, sie ist universell.

Tagtäglich führen wir Rituale durch. Wir stehen auf, putzen uns die Zähne, waschen uns das Gesicht, ziehen uns an, und all das sind Formen, durch die wir *samadhi* erfahren können, wenn wir uns völlig darauf konzentrieren. Wir brauchen kein religiöses Ritual, um dieses Einssein zu erleben. Wenn wir eine Tüte Eiskrem kaufen, kann das ein sehr tiefes Ritual sein. Es hängt also ganz von der Haltung des Einzelnen ab, davon, wie wir mit Form umgehen, ob wir ihr Tiefe geben oder nicht. Wenn wir uns das Gesicht waschen, so ist das eine Form, wenn wir uns aber nur waschen, damit wir danach hübsch aussehen, dann bleibt es eine gewöhnliche Form. Wenn wir uns das Gesicht mit einem Verständnis von Religion waschen, können wir darin das Gesamtbild des menschlichen Lebens erkennen. Das ist jedoch schwierig, da es um etwas Alltägliches geht. Aus diesem Grund bringen wir bestimmte Übungen in unseren Alltag hinein. Im Buddhismus gibt es zum Beispiel die sechs *paramitas*: Geben, Geduld, Disziplin, Eifer oder Ausdauer, Konzentration und Weisheit. Wenn wir beschließen, jeden Tag eine der sechs *paramitas* zu üben, vergessen wir in einem tieferen Sinn, wie wir mit der alltäglichen Form umgehen können, weil wir uns ständig auf diese eine Übung konzentrieren. Wir wissen dann nicht, wie wir mit den übrigen Formen umgehen sollen. Aus diesem Grund ist es sehr wichtig, wie wir uns das Gesicht waschen. Wir können mit allem, was wir tun, an unserem eigenen Leben und am Leben des Universums teilnehmen.

Diese Erfahrung von Verbundenheit ist keine besondere Übung, die wir abgetrennt von unserem alltäglichen Leben durchführen sollten. Wir müssen die Verbundenheit in der Form des täglichen Einerlei erkennen. Das tägliche Einerlei ist die Praxis von Verbundenheit. Das ist die grundlegende Übung, die es ständig zu praktizieren gilt.

Linda Myoki Lehrhaupt

WIE MAN NIRVANA
IM WOHNZIMMER FINDET

Es gab einmal eine junge Frau, die jeden Tag viele Stunden im Meditationssaal eines Klosters verbrachte. Die Äbtissin wurde neugierig und fragte sie eines Tages: »Warum verbringst du hier so viel Zeit?«

Die junge Frau (lasst sie uns Anna nennen) antwortete: »Hättest du nur eine halbe Stunde in meinem Haus verbracht, müsstest du nicht fragen. Zu Hause habe ich zehn jüngere Brüder und Schwestern, für die ich verantwortlich bin. Du kannst dir das Chaos nicht vorstellen. Hier kann ich stundenlang meditieren. Es ist ruhig, und der Geruch von Weihrauch hängt in der Luft. Wenn ich den Altar reinige, dann bleibt er sauber und glänzend. Wenn es ein Nirvana gibt, dann muss es sein wie hier. Zu Hause kann ich nicht eine Minute klar denken. Dort ist ein ständiger Lärm und permanentes Gebrabbel. Mache ich etwas sauber, ist es fünf Minuten später wieder schmutzig. Der einzige Geruch, der das Haus erfüllt, ist der von Windeln.«

Einige Wochen vergingen, und die Äbtissin bemerkte, dass Anna nicht mehr zum Kloster kam. Sie fürchtete, dass sie krank sei, und beschloss, sie zu Hause zu besuchen. Als sie sich dem Haus näherte, kehrte Anna gerade fröhlich die Treppe.

»Du hast dich wahrscheinlich gewundert, dass ich nicht mehr zum Kloster komme«, sagte Anna aufgeregt nach der Begrüßung. »Nun, du wirst nicht glauben, was mir passiert ist! Manche sagen, es sei ein Traum, aber es ist so real, dass ich überzeugt bin, dass es wirklich passiert ist. Weißt du, Buddha kam zu mir und sagte: ›Komm, ich führe dich ins Nirvana.‹ Er schloss sanft meine Augen, und ich fühlte, wie mich ein Wind in die Luft hob. Kurz darauf war alles wieder ruhig. Buddha sagte, ich solle meine Augen öffnen, und ich fand mich vor der Tür eines Hauses wieder.

›Hinter dieser Tür liegt das Nirvana‹, sagte er. ›Geh hinein.‹

Ich drückte die Klinke herunter. Als ich die Tür öffnete, sah ich, dass es ein ganz normales Wohnzimmer war. Tatsächlich war es mein Wohnzimmer. Und dort waren nicht nur zehn, sondern zwanzig laute Kinder, die überall herumliefen.

Ich drehte mich zu Buddha um, der bereits wegging. Er rief mir über die Schulter zu: ›Willkommen im Nirvana! Willkommen zu Hause!‹«

Diese Geschichte (mit ein paar Ergänzungen von mir) erzählte die Zen-Lehrerin Charlotte Joko Beck 1982 während eines Dharma-Vortrags. Als ich sie zum ersten Mal hörte, war ich sofort von zwei Dingen berührt: Erstens ist Annas Hoffnung, dass ein Nirvana existiert, zeitlos. Die Geschichte könnte genauso gut 1999 oder im Jahr 2500 vor unserer Zeitrechnung spielen. Und zweitens hat Anna viele Namen. Sie könnte Brigitte, Sabine, Michael oder Bernd und ganz gewiss Linda heißen. Vielen von uns drängen sich zwei Gedanken auf, wenn wir einen Ausdruck hören wie »Nirvana im Wohnzimmer finden«. Eine unserer Denkweisen, nennen wir sie die realistische, erkennt die Ironie hinter diesen Worten und bleibt eher skeptisch. So denken auch jene wohlmeinenden Menschen, die Anna überzeugen wollen, dass ihr Erlebnis bloß ein Traum gewesen sei.

Ein anderer Teil von uns (der mehr Anna ähnelt, bevor sie Buddha traf) hofft mit der ganzen Kraft eines Kindes, das sich beim Anblick einer Sternschnuppe etwas wünscht, diese Worte mögen wahr sein. Eigentlich sind diese Worte nichts anderes als die Versprechungen, die uns tagtäglich weltweit in der Werbung verführen wollen. Sie finden sich auch in Traumreise-Broschüren, romantischen Liebesromanen, man sagt sie in jenen besonderen Momenten, die sehr, sehr selten sind. Wir suchen ständig nach dem perfekten Ort, dem perfekten Aussehen, sogar dem perfekten Partner oder der perfekten Partnerin. Würde uns bewusst, wie viel Raum diese Träume oder die Versuche, diese zu verwirklichen, in unserem täglichen Leben beanspruchen, wären wir schockiert.

Nach buddhistischen Begriffen ist das Streben nach Perfektion die Ursache für eine sehr menschliche Art des Leidens. In den Vier Edlen Wahrheiten, der ersten Unterweisung, die Buddha nach seiner Erleuchtung gab, benennt er sie direkt:

Die erste Wahrheit ist, dass alle fühlenden Wesen *dukkha* erfahren, was ich als »wiederkehrende Unzufriedenheit« übersetze. Die zweite Wahrheit benennt den Grund der Unzufriedenheit, den Buddha als Anhaftung beschrieb. Eine Art der Anhaftung ist, sich in unsere Sehnsüchte, Wünsche und Träume zu verrennen und sie für die Wirklichkeit zu halten. Wir vergleichen unaufhörlich die realen Momente unseres Lebens mit unseren Träumen, und in diesem Vergleich schneidet unser Leben immer schlecht ab. So sind wir unentwegt bemüht, entweder unser Leben, unser Gesicht, unser Aussehen oder unsere Umstände zu ändern, um dem Ideal zu entsprechen. Dies ist ein Rennen, das wir niemals gewinnen können, welches uns aber umbringen kann, wenn wir zu weit gehen.

Solange wir uns an die Idee klammern, dass es einen perfekten Ort oder eine Situation gibt, wo wir immer erfüllt sein werden, leben wir unser Leben nicht so, wie es wirklich ist. Wir sind dann unfähig, uns mit vollem Einsatz um die Aspekte unseres täglichen Lebens zu kümmern. Das Streben nach solcher Perfektion verleitet uns dazu, zumindest einen Teil unseres Lebens mit einer Art »Wenn doch nur …«-Einstellung zu leben. In diesen Phasen vergeuden wir mehr Zeit damit, zahllose Möglichkeiten auszuprobieren, als einfach nur den Alltag weiterzuleben.

Es gibt natürlich berechtigte Gründe, sich Zeit zu nehmen, um Entscheidungen zu treffen. Ich schlage nicht vor, dass man sich einfach in alles stürzen soll, ohne vorher sorgfältig verschiedene Alternativen betrachtet zu haben. Aber häufig genug können wir keine Entscheidungen treffen, weil hinter all den Möglichkeiten die Angst lauert, überhaupt einen Schritt in irgendeine Richtung zu gehen. Wir haben Angst, uns für eine Sache zu entscheiden, weil wir kein Risiko eingehen wollen. Das Risiko liegt darin, dass die Dinge sich nicht so entwickeln könnten, wie wir es uns vorgestellt haben. In einfachen Worten: Wir wollen uns nicht die Illusion nehmen lassen, es gäbe ein Nirvana.

Um ein erfülltes Leben zu führen, ist es wichtig, die Macht der Illusionen sehr klar zu erkennen. Sobald wir sie erkannt haben, hören wir damit auf, unser Leben in gute und schlechte Momente einzuteilen, und wir hören damit auf, den Lauf des Lebens anzuhalten, bis wir den perfekten Ort erreicht haben. Nirvana ist kein Ort, den man erreichen kann, weil es kein Ort ist, der irgendwo anders liegt. Wenn wir voll und ganz in der Mitte unseres Lebens stehen, leben und lieben, die Dinge genau so sehen, wie sie sind, dann sehen wir auch, dass es kein anderes Leben als dieses und kein Nirvana außerhalb unseres Lebens gibt. Erst dann wissen wir, dass wir wirklich zu Hause sind.

Thich Nhat Hanh

FROSCHLOSIGKEIT

Die erste Frucht der Praxis
ist das Erlangen der Froschlosigkeit.

Wenn man eine Froschdame
mitten auf einen Teller setzt,
so springt sie
nach wenigen Sekunden wieder
herunter.

Setzt du die Froschdame erneut
mitten auf den Teller,
springt sie wieder fort.

Du hast so viele Pläne.
Da gibt es etwas, was du unbedingt
werden willst.
Deshalb willst du immer einen
Sprung machen,
einen Sprung vorwärts.

Es ist schwierig,
den Frosch in der Mitte des Tellers
festzuhalten.
Du und ich,
wir haben beide Buddhanatur in uns.

Das macht Mut,
aber du und ich,
wir haben auch beide Froschnatur
in uns.

Deshalb
heißt das erste Ziel
der Praxis –

Froschlosigkeit.

Tenshin Reb Anderson

EINFACH-NUR DIESE PERSON

Ich möchte uns alle ermutigen, Zazen zu üben. Ich sage dies, weil ich daran glaube, dass aufrechtes Sitzen der Weg ist, die das Selbst verwirklichende Bewusstheit zu betreten, die alle erwachten Ahnen unserer Tradition als den richtigen Pfad des Friedens und der Freiheit für alle Lebewesen erachtet haben.

Für mich heißt aufrechtes Sitzen, dass jedes Individuum ganz und gar es selbst ist. Indem wir unsere begrenzte Individualität vollständig anerkennen und ausdrücken, überschreiten wir sie. In jedem Moment unseres Lebens stillzusitzen und einfach nur wir selbst zu sein lässt uns schließlich vielleicht erkennen, dass wir überhaupt nicht wir selbst sind, sondern in Wirklichkeit sind wir so tief miteinander verbunden und unterstützen einander so absolut, dass wir nichts anderes sind, als alle Lebewesen zusammen. Dies erkennend, erkennen wir Buddhas Geist, denn Buddhas Geist ist der Geist aller Wesen. Auf diesem Weg erwachen wir aus unserem fundamentalen menschlichen Irrtum, voneinander getrennt zu sein, und werden frei von allem Unglück, das aus diesem Irrtum folgt.

Kurz bevor er wegging, fragte Guter Diener (Tungshan Liangchieh) seinen Lehrer: »Wenn mich jemand in einigen Jahren fragt, ob ich ein Bild des Meisters geben kann, was soll ich antworten?«

Nachdem er eine Weile geschwiegen hatte, sagte Wolkige Klippe (Yün-yen T'an-shen): »Einfach-nur diese Person.«

Guter Diener wurde sehr nachdenklich, und Wolkige Klippe

sagte: »Guter Diener, nachdem du die Last dieser Großen Angelegenheit auf dich genommen hast, musst du sehr vorsichtig sein.«

Guter Diener blieb im Zweifel über das, was Wolkige Klippe gesagt hatte. Später, als er einen Fluss überquerte und im Wasser sein eigenes Spiegelbild sah, erfuhr er tiefe Erleuchtung und erkannte die Bedeutung des vorausgegangenen Wortwechsels. Er verfasste das folgende Gedicht:

> Vermeide es, draußen zu suchen,
> auf dass es sich nicht von dir zurückzieht.
> Heute ziehe ich alleine dahin,
> und doch begegne ich ihm überall.
> Er ist jetzt kein anderer als ich selbst,
> und doch bin ich nicht er.
> Auf diese Weise muss man verstehen,
> um unmittelbar verbunden zu sein.

Wenn wir mit ganzem Herzen die Unterweisung »einfach-nur diese Person« praktizieren, werden alle Wesen hervorkommen, uns begegnen, und wir erkennen, dass sie »jetzt kein anderer sind als ich selbst«, egal, welche Form im Sinne von Ethnizität, Geschlecht, Spezies etc. sie haben.

Der Weg der Freiheit von Selbsttäuschung zeigt sich in der vollständigen Anerkennung von Täuschung. Auf eine tiefgründige Art und Weise studierten, verstanden und lehrten unsere mitfühlenden Ahnen, wie Selbsttäuschung erscheint und wie sie die Quelle allen Unglücks ist. Die Buddhas sind Wesen, die tief in das Studium der Selbsttäuschung eintauchen und ein großes Erwachen inmitten des Studiums der Selbsttäuschung erfahren. Das Tor zu diesem befreienden Studium des Selbst nennen wir »aufrechtes Sitzen«.

Unser großer Ahne Thoreau sagte in *Walden*: »Man braucht

nur an einer anziehenden Stelle im Walde lange genug ruhig sitzen zu bleiben, damit alle seine Bewohner sich der Reihe nach vorstellen.«

Indem wir »ruhig sitzen«, indem wir stillsitzen, gelangen wir zum wirklichen Studium des Selbst. Einfach nur sitzend, geben wir es auf, vermittelte Erfahrungen zu machen oder uns auf sie vorzubereiten. Dann begegnet uns in aufrechtem Sitzen ein Selbst, das nicht das Selbst ist, das wir zu studieren beabsichtigten, das wir zu studieren erwarteten, sondern das Selbst, das »sich uns im Wechsel zeigt«, indem wir einfach nur sitzen. Es ist ein frisches, unerwartetes, störendes, schwieriges, direktes Selbst. Dieses Selbst lohnt es zu studieren, denn wenn ein Selbst auftaucht, das frisch und direkt ist, unerwartet, werden wir aus unserer dumpfen Selbstgewissheit gerissen und begeben uns in eine umfassende Auseinandersetzung mit ihm.

Je stärker wir die innere Widersprüchlichkeit des Selbst wahrnehmen, umso mehr können wir erkennen, wer wir wirklich sind, und umso mehr erfahren wir unser eigenes Erfülltsein. Je umfassender wir die widersprüchliche Natur unseres Selbst anerkennen, umso mehr können wir die Widersprüche unseres Lebens bejahen. Und wenn wir diese Widersprüche vollständig bejahen, werden wir in der Lage sein, auch unseren Tod anzunehmen. So werden wir den Mut finden, einfach-nur zu sitzen und wir selbst zu sein, jenseits der Idee eines Selbst – wir selbst, in totaler Übereinstimmung mit dem, was wir nicht sind – nämlich alle lebenden Wesen. Dieser Prozess gipfelt in der Erkenntnis, mit dem anderen absolut identisch zu sein, und befreit uns von unserer grundlegenden Illusion eines eigenständigen Selbst.

Hier ist noch eine Geschichte vom aufrechten Sitzen: Als kleiner Junge lebte George Washington Carver am Rande des Ozark-Gebirges in Missouri. Auf einem abgelegenen, unbestellten Stück Land legte er seinen eigenen kleinen Garten an. Tief in den Wäldern baute er aus weggeworfenem Material ein Gewächshaus. Wenn er gefragt wurde, was er im Wald tat, sagte er: »Ich gehe in mein Garten-Hospital und kümmere mich um meine kranken Pflanzen.« Er brachte kranke Pflanzen in sein Gewächshaus und kümmerte sich um sie, bis es ihnen besser ging und sie gesund wurden. Er verstand sich darauf, Pflanzen zu heilen. Die Damen in seiner Nachbarschaft erfuhren davon und baten ihn, sich um ihre kranken Zimmerpflanzen zu kümmern. Er kümmerte sich um die Pflanzen und gab sie zurück, sobald sie wieder gesund waren. Die Damen fragten ihn: »Lieber Junge, woher weißt du das alles, wie hast du gelernt, diese Pflanzen zu heilen?« Der kleine George sagte: »All die kleinen Blumen sprechen zu mir, so wie die tausend anderen lebenden Dinge. Was ich weiß, lerne ich, indem ich alles achte und liebe.«

»Alles achten und lieben« war sein Weg des aufrechten Sitzens. Es war sein Tor in das wahre Studium des Selbst. Er wurde er selbst durch seine Vertrautheit mit den Pflanzen, durch sein Hören auf die Blumen. Sie zu achten und zu lieben war seine Erfüllung. Für ihn blieben die Pflanzen nichts Äußerliches. Sie waren das Erblühen seines Genies, und indem sie ihn erfüllten, wurden sie geheilt.

Mit unzähligen Lebewesen aufrecht sitzend, treten wir, ganz natürlich, in die das Selbst verwirklichende Bewusstheit Buddhas ein, in die Bewusstheit, die alle Lebewesen befreit und heilt.

Gesshin Prabhasa Dharma

BUDDHAS GEBURTSTAG

Von den verschiedenen buddhistischen Traditionen folgen einige dem Mondkalender und feiern den Geburtstag des Buddha bei Vollmond im Mai; andere folgen dem Sonnenkalender, nach dem der Geburtstag auf den Vollmond im April fällt. In der japanischen Tradition wird der Geburtstag immer am 8. April gefeiert. An einem Vollmondtag wurde der kleine Prinz Siddhartha Gautama geboren.

Es war in Indien damals für eine werdende Mutter üblich, zur Geburt an den Platz ihrer Eltern zurückzukehren. Als dieser Zeitpunkt immer näher rückte, machte sich Königin Maya in einer Sänfte mit ihren Begleiterinnen auf den Weg zu ihres Vaters Haus. Als sie an dem Platz, der heute als Lumbini-Garten bekannt ist, angekommen waren, ruhten sie sich unter einem Udambara-Baum aus. Dort nahm Königin Maya in einem Teich voll klarem Wasser ein Bad. Bald danach, unter dem blühenden Baum stehend und sich an den Ästen festhaltend, schenkte sie dem zukünftigen Buddha das Leben. Es wird erzählt, dass der kleine Prinz, der mehr als einen Monat überfällig war, in diesem Moment sieben Schritte tat (aus jedem Fußstapfen erwuchs eine Lotosblume) und der Welt verkündete: »Zwischen Himmel und Erde bin ich der Einzige.«

Ich habe schon oft in meinen Teishos erklärt, was dies wirklich für uns bedeutet, den Buddha in uns zu realisieren, nicht den historischen Buddha oder sonstige Buddhas, sondern wirklich zu erfahren, was Buddha ist und wo Buddha zu finden ist.

In Einklang mit dieser Legende wird gewöhnlich für Buddhas Geburtstag eine andere Buddhastatue als die üblichen verwendet: die eines Babys, das mit einem Finger zum Himmel und mit dem anderen zur Erde zeigt: »Zwischen Himmel und Erde bin ich der Einzige.« Und genau das ist es, was jedes Baby, wenn es auf diese Welt kommt, unter entschiedener Missachtung der Ärzte und Eltern verkündet: »Äääääääää!« Genau in diesem Moment habt ihr alle den ganzen Kosmos umarmt und seid selbst darin verschwunden. Aber nach und nach werden wir erzogen und vergessen unsere wahre Natur.

Aufgrund eines täuschenden Gedankens haben wir uns von dieser reinen, ursprünglichen Natur entfernt, ohne dass sie sich von uns abgewendet hat. Wir suchen und suchen und suchen, aber die Art und Weise, wie wir suchen, ist falsch.

So sind wir fasziniert von dem verblendeten Selbst. Wir werden überzeugt von diesem und durch dieses verblendete Selbst; es sagt uns immer wieder: »Dies ist das wahre, wirkliche Selbst.« Alles, was ihr durch die Sinne wahrnehmt, zu einem Bild zusammenfügt und dann in eurem *alaya*-Bewusstsein speichert, sind die Bausteine dieses verblendeten Selbst. Aber ihr seht, dass dieses Speicher-Bewusstsein selbst immer rein bleibt. Es hat kein Wissen, es unterscheidet nicht gut und schlecht voneinander. Es kennt keine buddhistische Religion noch irgendeine andere Religion. Es ist rein, und man kann sehen, dass es rein und leer von Ideen, Religionen, weltlichen und anderen Dingen ist und dass es uns alle Arten von Inhalten darin ablegen lässt.

Dann meditieren wir. Und was wir sehen, ist all dieser Plunder. Wenn ihr in den Spiegel schaut, könnt ihr die große Manifestation all dieser Inhalte sehen. Die ganze Zeit aber wirkt die wahre Natur, das wahre Bewusstsein, das unverfälschte, wahre Ich, frei und ungebunden.

Hört, was Hui-Neng, der sechste Patriarch, über Zazen sagte. *Za*, was Sitzen bedeutet, wird als »draußen in der Welt von Gut und Böse lebend und gleichzeitig ohne aufkommende Gedanken im Herzen sein« bezeichnet. Und *Zen*, oder Meditation, wird als »sein wahres inneres Wesen sehend und sich nicht von ihm ablenken lassen« bezeichnet.

Das ist der Grund, warum es im Zen kein Anhaften an das Nur-Sitzen gibt. Wenn wir irrtümlich glauben, dies sei alles, worum es im Zen geht, machen wir einen großen Fehler. Wir verstehen Zazen richtig, wenn wir realisieren, dass *Za* bedeutet, »mitten in der Welt des Trubels zu stehen«, der Welt, die in Gut und Böse und all die anderen Gegensätze unterteilt ist, und trotzdem zur gleichen Zeit unser Samadhi nicht zu verlieren, in dem wir hier auf unserem Kissen sitzend sind, nämlich im inneren, wahren, unerschütterlichen und unveränderlichen Geist, der durch nichts gestört werden kann, was um ihn herum geschieht. So haben wir gleichzeitig Frieden unseres Geistes, ungestört, unbeweglich oder, so könnte man sagen, Nichtaktivität als das Herz und Zentrum all unserer Aktivität. Wir sagen im Zen auch, wenn der Geist befreit ist, ist auch der Körper befreit. Ich kann euch ein Lied davon singen. All jene, die mir nah waren im letzten Jahr, wissen um meine Erfahrung mit Krebs.

Wenn der Geist in Frieden ist, ist alles in Frieden. Aber ihr werdet bemerken, dass dieser Frieden nicht anhält, bis ihr die Grundlage erfahren habt, die wir die zugrunde liegende Wirklichkeit, das selbstlose Selbst nennen, das ohne Anfang, ohne Ende, ohne Geburt und ohne Tod ist. Das war es, was Buddha erfuhr, als er heranwuchs und zu untersuchen begann: Was ist mein wahres Selbst? Was ist dieses Ich? Was ist mein Selbst? Oder, wenn ihr wollt, von einem anderen Standpunkt aus gesehen: Was ist Gott? Was ist Buddha? Was ist die letzte Wahrheit? Wir müssen den Grund, die Basis erreichen, die keine Grundlage zum Festhalten bietet, die auch basislos genannt wird, keine buddhistische Basis, keine Zen-Basis, nicht die Basis des wahren Selbst.

Von Moment zu Moment spielt sich die Soheit des ganzen Universums ab, löscht sich selbst aus und befreit so alles. Wie friedlich es ist, das Land des Friedens, das ihr so viele Male gekauft und wieder verkauft habt. Vögel fliegen hindurch, Wolken erscheinen und verschwinden, Menschen laufen hindurch, Fische schwimmen darin. Der Hund bellt, der Vogel singt, die Blume blüht, und was sollt ihr tun? Ich sage immer, da wir Menschen sind, sollten wir menschlich sein.

Wir rezitieren das Sutra der Weisheit, das Herzsutra, indem wir das augenlose Auge, das ohrlose Ohr, die nasenlose Nase, den mundlosen Mund, den körperlosen Körper und den geistlosen Geist verwirklichen. Wenn wir in der Stille sitzen, erfahren wir die unbewegliche, unveränderliche Essenz. Der Buddha nannte es das Unsterbliche, das Todlose. Wenn wir tätig werden, wird dieser unbewegliche, unsterbliche Geist aktiv, mit ganzem Herzen, ohne irgendetwas hinter sich zu lassen; genau wie Wasser und Wellen. Wenn kein Wind ist, wenn die Bedingungen dafür nicht vorhanden sind, ist das Wasser klar wie ein See, wie ein Spiegel, und ihr könnt ganz bis auf den Boden hinunter sehen. Mit unserem Geist ist das nicht anders. Wenn er nicht gestört wird, wenn er allein gelassen wird, wenn ihr mit eurem hektischen Tun im Nichttun verschwindet, dann ist er da, von ganz allein, leuchtend und klar. Der Sturm der Gefühle vergeht, der allumfassende Spiegelgeist ist da, und ihr könnt den bodenlosen Geist selbst sehen. Sobald der Wind, der für Bewegung, Gefühle steht, bläst, sind Wellen da. Der gleiche See, das gleiche Wasser, ist nun in Bewegung.

Es ist der gleiche Geist, der in Bewegung gesetzt wird. Das Wasser verliert nie sein Wesen als Wasser, ob es ruht oder in Bewegung ist. Darum sagen wir: Leere und Form sind nicht zweierlei Dinge. Sie sind identisch. Aber sie erscheinen als zwei, und wenn ihr voll erleuchtet seid, könnt ihr es sagen, da ihr dann »Leere ist Leere und Form ist Form« erfahren habt. Aber dann müsst ihr das nicht mehr erwähnen. Schließlich sagen wir noch: »Ding und Ding, ohne Hindernis.« Vögel fliegen, Enten rufen, Menschen rennen herum, schlafen, sitzen, essen und scheiden aus.

Wenn ihr Weisheit habt, ist die höchste Weisheit der ungeborene Geist, Nichtaktivität. Und die Funktion dieser Weisheit ist grenzenlose, unbedingte und uneingeschränkte Liebe. Im Sutra über die allumfassende Liebe heißt es, wir sollten auf eine Weise lieben, »wie eine Mutter ihr einziges Kind liebt.« Genau so und nicht anders sollt ihr jedes einzelne Wesen lieben, das eure Wege kreuzt. Eine Mutter würde ihr eigenes Leben für ihr Kind opfern. Genau so solltet ihr jedes Wesen lieben.

Natürlich erfahren wir im Buddhismus, dass nicht nur Menschen, sondern alle Lebewesen im Grunde Buddhas sind – nicht nur fühlende Wesen, sondern auch empfindungslose. Warum? Dieser Pfeiler hier in der Mitte des Zendo besteht aus keinen anderen Elementen als denjenigen, aus denen auch wir zusammengesetzt sind. Deshalb verneigen wir uns respektvoll voreinander und vor allen Dingen. Nach einer Weile braucht ihr nicht mehr die physische Verbeugung, aber sie ist ein wunderbarer Weg der Übung für das arrogante, stolze und verblendete Selbst.

Das Leben in einem Zenkloster ist so wunderbar und friedlich, weil dort Harmonie, Ordnung und Respekt gelebt werden. Wenn ihr diese Wahrheit, dass jeder von uns der verkörperte Buddha ist, verwirklicht, werdet ihr ebenfalls realisieren, dass alle Buddha sind und ihr immer nur Buddhas trefft.

Ihr begegnet nicht verblendeten Lebewesen; das ist nicht die Dimension oder Ebene, auf der ihr euch trefft. Ihr begegnet euch im Buddha-Herzen, im wahren Herzen oder wahren Geist, selbst wenn eine Person jetzt noch nicht erwacht und noch im Zustand der Unwissenheit ist. Indem ihr das tut, weckt ihr sie aus diesem Zustand der Unwissenheit auf, weil ihr euch vor dem

Buddha in eurem Nächsten verneigt. Wenn ihr so weit fort-
geschritten seid, dann seid ihr der Frieden des Geistes: Dieser
Geist zähmt alle Wildheit. Je mehr Kraft ihr habt, umso wildere
Tiere könnt ihr zähmen.

Je länger ihr in Zazen sitzt, umso mehr aber werden die
wilden Tiere brüllen. Deshalb müsst ihr mit dem brüllenden
verblendeten Selbst Geduld entwickeln.

Wir sagen über den Buddhismus: Er ist keine Religion, er ist
keine Philosophie, er ist keine Lehre, er ist keine Sammlung von
Regeln, sondern er ist ein Weg, dieses getäuschte Selbst zu über-
winden. Für einen Buddhisten ist dies die einzige Schlacht, die
er zu führen hat. Wir haben keine anderen Feinde. Wenn ihr
sitzt und auf das schaut, was da brüllend aufkommt, erweckt das
manchmal großes Mitleid in euch, da ihr bemerkt: Sogar mein
unwissendes Selbst ist nicht mein Feind. Es ist nicht wirklich. Es
war nur der Impuls eines Momentes oder ein Gedanke, der ein
im Grunde reines Gefühl konditionierte. Der Weise ändert nun
sofort die Farbe dieses Gefühls. Ihr lernt, den Geist zu kontrollieren durch die Kraft, die Energie, das Ki oder Chi, das ihr
durch Zazen entwickelt. Deshalb reagiert ihr nicht auf Impulse,
sondern immer nur von eurem Zentrum aus. Ihr wisst bereits,
dass ihr Buddha seid. Ihr habt schon den todlosen, unsterbli-
chen Geist. Ihr braucht nicht mehr irgendetwas zu erreichen.
Jetzt könnt ihr euch der Welt zuwenden, den Ereignissen, der
objektiven Welt und sie behandeln wie eine Mutter ihr einziges
Kind.

Im Zen behandeln wir auch unsere Teetassen auf diese Weise,
unsere Schalen, unser Sitzkissen, alle Dinge sind je für sich
Buddhas, die uns auf dem Weg unterstützen, ob man nun die
Wahrheit vollkommen realisiert hat oder nicht. Erleuchtete sind
ebenfalls auf dem Weg. Denn trotz allem sind wir immer noch
in der menschlichen Form, führen das Leben der Menschen und
haben allen Grund zu feiern, freudig und ganz und gar dankbar

gegenüber Shakyamuni Buddha und all den anderen Buddhas vor ihm, die für uns dieses Licht in der Welt der Täuschungen, der Dunkelheit und der menschlichen Fehler bewahren, so dass wir unseren Weg nicht aus den Augen verlieren. Das ist eure Verantwortung. Ihr alle, die ihr zur Übung hierher gekommen seid, tut es am Ende nur für dieses Ziel, ein Licht für andere in dieser Welt zu sein.

Auf diese Weise leben Zenmönche. Sie haben keine Praxis, sie haben nur Leben und Verschwinden und Erscheinen. Und jeden Morgen erscheinen wir, erscheinen wir voll und von ganzem Herzen. Wenn ihr das tut, bleibt nichts zurück, das gereinigt oder geändert werden müsste. Der Kosmos nimmt sich dessen an. Denn unsere reine Aktivität wird sich umdrehen und sich wieder ganz in Inaktivität auflösen. Wenn ihr tief in euch eingedrungen seid, in das innerste Bewusstsein, und euer wahres Zuhause entdeckt habt, werdet ihr dort leben. Und von dort kommt ihr heraus in die Welt der Aktivität, ob ihr Tee trinkt, ein Bad nehmt, esst, eure Schalen wascht, euer Kind oder eure alte Mutter oder euren Vater umarmt, das alles sind Buddha-Aktivitäten.

Und all diese Aktivitäten werden wieder eingesammelt, von ihrer speziellen Aktivität entleert und kehren zu dem einen ununterschiedenen Geist zurück. Darum sind wir im Grunde immer in Frieden, und es hängt nicht davon ab, ob wir zur Kirche, in den Tempel, ins Zendo oder zur Meditation gehen; vielmehr, dass wir die ganze Zeit dort sind, egal was geschieht.

Das ist mit dem Unveränderlichen, dem Todlosen gemeint. Jetzt seid ihr wirklich frei. Ihr braucht euch keine Sorgen mehr über ein Selbst zu machen. Dafür wird schon gesorgt. Diese Wahrheit ist in uns allen. Aber bis wir sie aktivieren, haben wir ihren Nutzen nicht und können nicht ihr Wohltäter sein. Wenn sie einmal aktiviert ist, ist jeder von uns, ob Mann oder Frau, Kind oder Greis, gleich und doch unterschiedlich in seiner

Funktion. Und das ist die große Freude der Weisen, Erleuchteten. Es wäre schrecklich langweilig, wären wir alle gleich.

Darum haben wir um nichts zu beten oder zu betteln. Alles ist, in jedem Moment, völlig offenbart und ganz und gar gegenwärtig und vollkommen. Und Blumen, Bienen, Vögel, der Himmel, die Jahreszeiten, alles geht seinen Weg und verschafft sich gleichzeitig Bewegung. Das könnt ihr sehen, wenn sich euer Geist völlig geöffnet hat.

Und sie alle tun dies zusammen und gleichzeitig, wie ein gewaltiger Körper mit Myriaden und Myriaden besonderer Aktivitäten. Das lehrt der Buddhismus. So, wie es ist, das ist die Norm, das Dharma, das ist unsere wahre Natur. Und das nennen wir im Zen: Der alltägliche Geist ist der Weg.

DER HÖCHSTE WEG
IST
UNBESCHWERT

Wo ein Aas liegt, da kreisen die aasfressenden Vögel und kommen herunter. Leben und Tod sind zwei. Die Lebenden machen sich über die Toten her und ziehen Nutzen aus ihnen. Die Toten verlieren nichts dabei. Sie gewinnen ebenfalls, indem sie entsorgt werden. Oder es scheint wenigstens so, wenn du auf die Begriffe von Gewinn und Verlust angewiesen bist. Gehst du auch an die Zen-Übung mit der Idee im Kopf, dass dabei etwas zu gewinnen sei? Diese Frage ist nicht als versteckte Anklage gedacht, aber sie ist trotzdem eine ernsthafte Frage. Wo viel geredet wird über »Spiritualität«, »Erleuchtung« oder auch nur die »gleiche Wellenlänge«, sind das oft die Geier, die über einem Kadaver schweben. Dieses Schweben und Kreisen, dieses Herunterkommen, diese Siegesfeier, das ist es nicht, was mit Zen-Übung gemeint ist – obwohl es in anderen Zusammenhängen eine sehr nützliche Übung sein mag. Und – es bereichert die Geier.

Zen bereichert niemanden. Da ist kein Aas zu finden. Die Vögel mögen kommen und eine Weile kreisen, wo immer sie glauben, es zu finden. Aber sie fliegen bald woanders hin. Wenn sie fort sind, dann erscheint plötzlich das »Nichts«, der »Nicht-Körper«, der ja da war. Das ist Zen. Es war die ganze Zeit da, aber die Geier haben es nicht gesehen, weil es nicht ihre Art von Beute ist.

Thomas Merton

Seng-ts'an

HSIN-HSIN-MING
(Shinjinmei)

Einprägung des Vertrauens in den Geist

Der Höchste Weg ist unbeschwert,
weise nur alle Wahl zurück.
Nur ohne Abneigung und ohne Vorliebe
verstehst du wirklich die klare Leere.
Um Haaresbreite abgewichen,
und Himmel und Erde klaffen auseinander.

Um es vor dir zu sehen,
lass los Dafür und Dagegen.
Der Streit zwischen Dafür und Dagegen:
genau das ist das Übel im Mark.
Bleibt das Geheimnis unbekannt:
vergebliche Mühe um friedvolles Denken.

Vollendet (ist es) wie die große Leere,
ohne Mangel, ohne Überfluss.
Durch Annehmen und Ablehnen
wird die Fülle nicht erreicht.
Folge nicht der Bestimmung des Seins,
noch wohne in der leeren Ablehnung.

Das Eine trage im Busen:
so erlischt sicher restlos das Selbst.
Nicht mehr bewegen ist Passivität,

Unveränderlichkeit Ziel der Bewegung.
Einziges Hindernis ist die Zweiheit:
besser den Samen des Einen zu pflanzen.
Das Eine nicht erlangt –
beides verloren.

Das Sein verleugnend, ertrinkst du im Sein,
der Leere folgend, kehrst du ihr den Rücken.
Viel Reden und Denken
führt nicht zur Wirklichkeit.
Brich ab die Rede, verwirf das Denken:
niemals (bleibst du) ohne Erfolg.

Zum Ursprung kehrend, erlangst du das Wesen,
den Erscheinungen folgend, fehlst du die Quelle.
Ein Augenblick der Einsicht
verhindert das Verfehlen der Leere.
Im Angesicht der Leere
ist Wechsel nur Schein.
Wahrheit zu suchen ist sinnlos,
aber verlerne zu meinen.

Bleib nicht stehen bei der Ansicht der Zweiheit,
sorglich vermeide ihr zu folgen.
Erscheinen erst gut und schlecht,
dann auch Verwirrung und falsches Bewusstsein.
Ursprung der Zwei ist das Eine,
doch halte das Eine nicht fest.

Ist der Eine Geist ungeboren,
sind die zehntausend Dinge makellos.
Ohne Fehler, ohne Dinge:
ungeboren, kein Geist.

Fähigkeit zum Einklang zerstört die Begrenzung
und mit den Grenzen versinkt auch die Macht.
Ursprung der Grenzen sind die Grenzen der
Macht,
Ursprung der Macht ist die Macht zu begrenzen.

Willst du beide Seiten erkennen:
Grundlage ist die Eine Leere.
Die Eine Leere ist gleichsam beides,
in einem enthält sie die zehntausend Formen.
Nicht unterscheiden fein und grob
(ist) besser als einseitig sein.

Der Große Weg ist im Grunde offen,
nicht leicht, nicht schwer.
Enger Blickwinkel, Misstrauen,
einmal hastig, einmal träge:
Festhalten führt zum Verlust des Gleichgewichts,
notwendig treibt es auf Abwege.
Loslassen führt zur Selbstnatur –
Substanz vergeht nicht, noch bleibt sie erhalten.

Im Einklang mit dem Wesen den Weg bejahen,
leichthin wandern und unbetrübt.
Gebundenes Denken verfälscht die Geisteskraft,
versinkt in Verwirrung unheilvoll.

Unheil und leidende Seele –
wozu ist es gut, dafür, dagegen zu sein?
Wer im Einen Fahrzeug vorankommen will,
verachte nicht die sechs Staub(-sinne).
Die sechs Staub(-sinne) nicht verachten
stellt gleich wieder wahres Bewusstsein her.

Der Weise tut nicht,
der Narr verstrickt sich.
Dharma ist nicht verschieden von Dharma,
Narrenwesen gehört zum Begehren.

Den Geist mit dem Geist erfassen (wollen),
ist das nicht große Verwirrung?
Irrtum gebiert Ruhe und Unruhe,
Erleuchtung (aber) weder Liebe noch Hass.
Das Eine zerschneiden in zwei Teile
ist Selbstbetrug.

Traum, Täuschung (sind) Blumen der Leere,
wozu sich bemühen, danach zu greifen?
Gewinn, Verlust, richtig, falsch,
mit einem Mal fort damit!
Das Auge, wenn es nicht schläft,
wird alle Träume von selbst verwerfen.

Zehntausend Dinge sind einem gleich
für den Geist, der nicht unterscheidet.
Das Eine führt in die profunde Tiefe.
(Wer) so entschlossen die Fesseln missachtet,
sieht zehntausend Dinge in einem
und kehrt wieder zurück zur Selbstnatur.

Mach ein Ende dem Wodurch-Darum;
es ist nicht möglich zu vergleichen.
Die Bewegung beenden: Unbeweglichkeit,
das Ende bewegen: Unendlichkeit.

Die Zwei nicht beendet:
Eins – wie soll es das geben?

Schlussendlich das Endgültige –
keine Bewegung, keine Regel.

Beginnt der Geist Nicht-Unterscheidung,
hat alles Tun ein Ende.
(Von) Misstrauen völlig gereinigt,
(ist) das Urvertrauen in wahrer Harmonie.

Völlig ungehindert,
ist nichts mehr zu vermerken, zu besorgen;
unvoreingenommen klar, selbstverwirklicht
mühelose Geistesmacht.
Denken misst und füllt es nicht,
Wissen und Fühlen loten es nicht aus.

Unwandelbare Soheit ist die Welt des Dharma,
ohne ein Anderes, ohne ein Selbst.
Musst du spontan antworten,
erwidere und sprich: »Nicht-Zwei.«
Nicht-Zwei – völlig identisch:
nichts, was nicht angenommen wäre.

Die Weisen aller zehn Weltgegenden
betraten sämtlich diesen Pfad.
Der Pfad ist nicht eilig, (nicht) säumig,
zehntausend Jahre – ein Gedanke.
Ohne da zu sein oder nicht da zu sein,
in allen Richtungen (liegt er) vor Augen.

Winzig klein – wie groß:
Grenzen und Gräben zerbrochen, vergessen.
Riesig groß – wie klein:
keine feste Schranke.

Sein entspricht dem Nichtsein,
Nichtsein dem Sein.
Wo es nicht so ist:
keinesfalls darf man (dem) folgen.
Eins ist wie alles,
alles wie Eins.

Wenn das aber möglich ist,
warum sorgen, (es) nicht (zu) vollenden?
Der Wahre Geist (ist) Nicht-Zwei,
Nicht-Zwei der Wahre Geist.
Worte gesprochen: den Weg beendet –
kein Gehen, kein Kommen mehr.

Agetsu Wydler Haduch

DIE ALTE FRAU UND DER JUNGE MÖNCH

Eine alte Frau saß am Straßenrand in der Nähe eines Klosters. Da trat mit einem schweren Bündel über der Schulter ein Mönch aus dem Kloster. Als er bei der alten Frau angelangt war, fragte diese: »Junger Mann, was trägst du denn so schwer?« »Das sind die Bücher, die ich aus der Klosterbibliothek geholt habe, ich trage sie in meine Zelle, um sie dort in Ruhe zu studieren«, lautete die Antwort. Darauf sagte die alte Frau: »Wahrhaftige Weisheit kann man nicht in Büchern finden, wenn du Weisheit hast, mache mich aufstehen, ohne deine Hände zu benutzen.«

Neulich hat ein Mann von mir am Telefon wissen wollen, ob man durch Zen-Meditation gelassener werden könne, denn er fühle in sich den Zwang zur Ungeduld und Herrschsucht, was ihm in der Ehe und am Arbeitsplatz große Probleme verursache. Eine Frau fragte mich, ob sie durch Meditation ihr übertriebenes Liebesbedürfnis und die damit verbundene Eifersucht loswerden könne. Jemand anders suchte Erlösung von nagender Unsicherheit und fragte mich, ob Meditation da helfen würde.

Ich kann diese Fragen sehr gut verstehen; diese Menschen haben ein echtes Leiden und suchen nach einem Heilmittel. Doch kann ich diese Fragen nicht wie ein Arzt behandeln, indem ich sage: »Meditieren sie jeden Tag zwei Mal und in zwei Wochen ist die Krankheit weg. Wenn nicht, kommen sie wieder, dann probieren wir eine andere Dosis aus.« Zen-Meditation wirkt anders.

Vor fünfundzwanzig Jahren, als ich noch so richtig begeistert war von Zen, hätte ich wohl gesagt: »Natürlich wird man durch Zen-Meditation ruhiger und gelassener. Natürlich ist Zen ein Weg, der glücklich und zufrieden macht.« Doch heute sage ich dies nicht mehr so. Die beste Antwort auf die Frage, ob man denn durch Zen-Meditation gelassener werde, müsste lauten: »Nein.« Doch so durch das Telefon gesprochen, würde dieses *Nein* vermutlich nicht so aufgefasst werden, wie es gemeint ist.

Wenn man meditiert, um seinen schlechten Charakter zu verbessern, um Prüfungen erfolgreicher zu bestehen, um Mitarbeiter oder die Kinder leichter zu ertragen oder um die Ehe besser zu führen oder um sonst etwas besser zu tun, dann geht man immer davon aus, dass man einen Mangel hat und verbesserungsbedürftig ist. Wenn dieser Effekt dann aber nicht innerhalb kurzer Zeit eintritt, wenn stattdessen die Meditation eher schwierig und manchmal irritierend ist, dann sagt man sich schnell: »Wenn es nicht besser wird, wozu soll ich dann meditieren«, oder »Wenn es nicht besser wird, mache ich vielleicht etwas falsch.« Beides ist so nicht richtig. Das, was falsch ist, ist die Erwartung, die man an die Meditation knüpft. Damit wird die positive Wirkung der echten Meditation gleich zu Beginn unmöglich gemacht. Warum ist das so?

Die Basis der Zen-Meditation ist vollkommene geistige Offenheit, der Zustand, in dem man nichts »weiß«. Sich allen Erwartungen und Vorurteilen enthaltend, sitzt man und schaut in den eigenen Geist hinein. Was man dann sieht, sind zuerst all die Gedanken und Gefühle, die einen beschäftigen und begleiten, also all das, was man vielleicht gerne loswerden möchte. Gibt man in diesem Zustand enttäuscht und ungeduldig schnell wieder auf, kann man nie den Geschmack der echten Meditation kosten. Bleibt man aber dabei und lässt sich von den Gedanken und Gefühlen nicht abhalten, dann gelangt man allmählich in die Tiefe und entdeckt den Bereich in einem selbst, in dem Frieden und Ruhe herrschen. Dieser Bereich ist immer vorhanden, nur ist man sich dessen normalerweise nicht bewusst. Es ist so, wie man an bewölkten Tagen vergisst, dass es eine Sonne gibt, oder so, dass man vor lauter Wolken die grundsätzliche Leerheit und Klarheit des Himmels übersieht. Deshalb ist es falsch zu meinen, wenn man nur lange genug meditiere, werde man eines Tages erleuchtet und dann werde alles gut. Vielmehr ist es so, dass die Klarheit des Geistes immer vorhanden ist, ob man meditiert oder nicht. Doch wenn man nicht meditiert, weiß man das nicht und befindet sich in einem alltäglichen Halbschatten, der durch die Wolken am Himmel entsteht. Durch richtige Meditation aber kann man die Klarheit entdecken und mit den Wolken leben, ohne dadurch betrübt zu werden.

Als die alte Frau den jungen Mann des Weges kommen sah, durchschaute sie ihn sogleich. Sie sah die Mühe, die er sich machte, und hatte Mitleid mit ihm. Also fragte sie: »Was schleppst du denn da mit dir herum?« Natürlich hatte sie gleich gesehen, dass es Bücher waren, doch die Tatsache, dass er alle diese Bücher trug, verriet ihr noch viel mehr über ihn: Er war davon überzeugt, er müsse die alten Weisheitsbücher studieren, um ein besserer Mensch zu werden. Er war aus irgendeinem Grund mit sich unzufrieden und wollte lernen, wie man richtig lebt. Vollkommen in seine Gedanken verstrickt, war er im Begriff, an der Frau vorbei zu gehen, ohne sie zu bemerken. Dadurch, dass die Frau ihn ansprach, wurde er unvermittelt auf seinem Weg gestoppt und aus seinen Tagträumen aufgeschreckt: »He, du, was tust du? Wohin willst du?«

Bereitwillig gab er Auskunft. Er hatte nichts zu verbergen, er war ein aufrichtiger und ehrlicher Mensch.

Die Frau sah diese Ehrlichkeit und wollte dem jungen Mann helfen. Sie sagte: »Das, was du suchst, ist nicht in diesen Büchern zu finden«, und ohne ihm eine Chance zu geben, etwas zu denken und einen Einwand zu machen, fuhr sie fort: »Wahre Weisheit zeigt sich daran, dass du mich aufstehen machen kannst, ohne deine Hände zu benutzen.« Sie saß ja am Straßenrand auf dem Boden.

Völlig unerwartet, aus heiterem Himmel, sah sich der Mönch mit einem Problem konfrontiert, das er sich nicht im Traum hätte ausdenken können. Dieses Problem kam tatsächlich in keinem Buch vor. Wie sollte er es anstellen, dieser alten Frau auf die Füße zu helfen, ohne ihr die Hand zu reichen?

Eigentlich passiert uns dies andauernd. Wir werden immerzu mit Problemen konfrontiert, die wir auf keinen Fall voraussehen konnten: Plötzlich gibt es etwas nicht zu kaufen, das man unbedingt benötigt oder mit dem man fest gerechnet hat; man wacht am Morgen mit furchtbaren Halsschmerzen auf, obgleich man am Vorabend noch ganz munter war; ein Kind fällt von einem Baum herunter und bricht sich einige Zähne aus; man wird auf der Straße von einer wildfremden Person angegriffen; der Ehemann oder die Ehefrau erledigen nicht, was sie zu tun versprochen hatten; Gäste erscheinen nicht oder viel später als abgemacht; das Geld, das man erwartet, kommt nicht oder reicht nicht aus, um ungeplant hohe Rechnungen zu bezahlen; neben den Steuern sind unvorhergesehene Zahnarztrechnungen zu begleichen, das Auto springt nicht mehr an, und der erwartete 13. Monatslohn wird gestrichen; da, wo man bisher so ruhig im Grünen wohnen konnte, wird mit viel Lärm und Staub eine neue Siedlung gebaut, ein guter Bekannter stirbt, oder man erfährt, dass man an einer unheilbaren Krankheit leidet. All dies sind Weckrufe des Lebens.

Die alte Frau forderte den jungen Menschen heraus: Was nun? Was tust du jetzt in dieser Situation? Was ist jetzt mit deinem Zen? Was helfen dir deine Meditation und deine Bücher jetzt? Es ist wohl für uns nicht schwer nachzuvollziehen, wie sich der junge Mann fühlte: Perplex stand er da und wusste nichts zu sagen.

Wenn ihr denkt, es würde euch eines Tages, wenn ihr nur lange genug und richtig meditiert habt, wie Schuppen von den Augen fallen, so dass ihr immer wissen werdet, was zu sagen oder zu tun ist, könnt ihr lange warten. Wenn ihr denkt, wenn ihr einmal zu den Fortgeschrittenen gehört oder gar den Meistertitel bekommt, dann hättet ihr alle Antworten bereit, täuscht ihr euch ebenfalls.

Jemand fragte einen Zen-Meister: »Was erreichten die alten Meister, wenn sie in den letzten Zustand eintraten?« Die Antwort lautete: »Sie waren wie Einbrecher, die sich in ein leeres Haus eingeschlichen hatten.« Es bedarf entweder großer Dummheit oder großen Humors, unbemerkt in ein Haus einzubrechen, von dem man gesagt bekommt, dass es dort nichts zu stehlen gibt. Sicher aber bedarf es einer ganz bestimmten Neugierde, die einen dazu bringt, sich in eben dieses Haus einzuschleichen, um sich selbst davon zu überzeugen, dass es leer ist. Bis man es mit eigenen Augen gesehen hat, glaubt man nämlich nicht, dass dem wirklich so ist.

Gewöhnlich meint man, Zen-Meister hätten etwas, das andere Menschen nicht haben. Man denkt, durch die Meditation bekomme man das, was diese Meister haben. Das Lustige ist aber, dass es gerade umgekehrt ist: Die Meister haben etwas *nicht*, was andere haben. – Was ist es, das Zen-Meister nicht haben, was andere haben? Oder anders gefragt: Was habt denn ihr, verehrter Leser, verehrte Leserin, das euch daran hindert, Zen-Meister zu sein?

Etwas, was die Meister nicht haben, sind die Erwartungen und Wünsche, die ihnen den Augenblick der Gegenwart verstellen. Deshalb antworten sie spontan aus ihrer inneren Weisheit heraus. Wer nicht weiß, was die angeborene Weisheit ist, tut gut daran, es herauszufinden. Sie ist ein Schatz, der jedem Menschen in die Wiege gelegt wird wie ein Erbe, das seit Generationen von den Eltern auf die Kinder übergeht. Wenn man eine Menge Geld geerbt hat, dieses aber nicht ausgibt, wenn die Umstände es erfordern, so ist das wenig sinnvoll. Etwas, was einem geschenkt wurde, nicht freigebig weiterzugeben, ist eine Art Geiz, den es auch im geistigen Bereich gibt. Jeder hat einen Schatz, der ihm vom Leben geschenkt wurde, den er von den Eltern geerbt hat, doch die meisten wissen das nicht oder vertrauen ihm nicht. Sie denken, ihr Schatz sei nicht groß genug oder nicht gut genug. Sie nehmen ihn nie in Besitz und machen nie Gebrauch davon. Dem Buddhismus zufolge ist dieses Verleugnen oder Geizen mit den angeborenen geistigen Fähigkeiten dasselbe, wie den Buddha selbst zu verleugnen.

Das Zweite, was die Meister nicht haben, ist dieser Geiz. Sie benutzen ihren gesunden, klaren Verstand bei jeder Gelegenheit und spielen freimütig damit. Auch wenn sie ab und zu auf die Nase fallen. Sie geben sich selbst dem Leben vollständig hin. Letztlich ist ja alles ein Spiel, bei dem es nur darauf ankommt, Klarsicht zu bewahren.

Drittens haben die Meister keine Angst. Es macht ihnen nichts aus, wenn ihr Ich den Kürzeren zieht, im Gegenteil. Es macht ihnen Spaß, sich immer wieder geschickt in das leere Haus einzuschleichen. Es ist jedes Mal ein anderes Haus – die Aufgaben des Lebens sind immer wieder anders – doch es ist und bleibt ein leeres Haus.

Zen-Meditation ist Kontaktaufnahme mit der uns innewohnenden Weisheit. Diese ist in jedem Augenblick vorhanden, immerzu und ununterbrochen. Doch als verblendeter Mensch vertraut man nicht darauf; man denkt, Weisheit müsse etwas anderes sein, irgendwo unsichtbar versteckt oder in der Zukunft wachsend, etwas, das man sich verdienen muss oder das man erwerben kann. Dem ist nicht so, das Einzige, was man tun kann, ist, zu dieser Weisheit zu erwachen.

Verlasst euch nicht auf die Zukunft, wartet nicht auf die große Eingebung. Das Leben fragt euch jetzt, antwortet ihm jetzt, in diesem Moment! Sich auf etwas zu berufen, das man gestern begriffen hat oder das andere begriffen haben, das einem heute aber nichts nützt, ist kalter Kaffee. Das, was zählt, ist jetzt. Das Leben fragt jetzt. Wie antwortet ihr?

Bankei Eitaku

DER UNGEBORENE BUDDHA-GEIST

Was ich »das Ungeborene« nenne, ist der Buddha-Geist. Dieser Buddha-Geist ist ungeboren, voll der wunderbaren Kraft erleuchtender Weisheit. Im Ungeborenen finden alle Dinge ihren rechten Ort und sind in vollkommenem Einklang. Wenn alles, was ihr tut, in Übereinstimmung mit dem Ungeborenen geschieht, so öffnet sich in euch das Auge, das andere sieht, wie sie sind, und ihr erfahrt in eurem eigenen Geist, dass ein jeder, den ihr seht, ein lebendiger Buddha ist. Lebt ihr erst einmal im Ungeborenen, so fallt ihr nie wieder in eure alte Lebensweise zurück. Habt ihr den großen Wert des Buddha-Geistes einmal erkannt, so könnt ihr ihn nie mehr verlassen, um der Täuschung anheim zu fallen. Solange ihr jedoch um seinen großen Wert nicht wisst, werdet ihr in allem, was ihr tut, auch in unbedeutenden Dingen, euch selbst täuschen und als unerleuchtete Menschen leben.

Mir fällt auf, dass heute viele Frauen hier sind. Im Unterschied zu den Männern verliert ihr Frauen recht leicht die Fassung. Selbst unbedeutende Dinge reichen aus, euch in Aufregung zu versetzen und euren ungeborenen Buddha-Geist in einen Streitenden Geist, in ein unwissendes Tier oder in einen von Begierden getriebenen Hungrigen Geist zu verwandeln, so dass ihr dann allerlei verschiedene Formen annehmen müsst. Ihr solltet ganz besonders aufmerken bei allem, was ich sage.

In Häusern, in denen Haushaltshilfen beschäftigt werden, arbeiten viele Dienstjungen und Dienstmädchen. Natürlich sind immer auch welche darunter, die unachtsam mit den Dingen umgehen. Gelegentlich werden Geschirrteile zerbrochen, an denen man sehr gehangen hat. Vielleicht handelt es sich auch um etwas ganz Unbedeutendes, und doch lasst ihr zu, dass euch das Blut zu Kopfe steigt. Zornig scheltend geht ihr auf den Missetäter los. Doch diese Schüssel oder Teeschale, wie teuer sie euch auch gewesen sein mag, wurde nicht absichtlich zerbrochen. Es war ein Missgeschick, und nun ist nichts mehr daran zu ändern. Nichtsdestotrotz gebt ihr dem Zorn in euch Raum und lasst zu, dass der Unrat eurer selbstsüchtigen Leidenschaften den kostbaren Buddha-Geist, der euch bei der Geburt gegeben wurde, in einen Streitenden Geist verwandelt. Ihr könnt jederzeit eine neue Teeschale kaufen. Ohnehin schmeckt der Tee aus einem gewöhnlichen Imari-Becher genauso wie aus einer unschätzbar wertvollen koreanischen Schale. Ihr könnt ihn ebenso gut aus dem einen wie aus dem anderen Gefäß trinken. Die einmal verlorene Beherrschung hingegen ist nicht leicht zurückzugewinnen.

Wenn ihr nun wirklich verstanden habt, was ich über die Teeschale sagte, solltet ihr, ohne dass ich es für jedes einzelne Ding eigens erläutere, wissen, dass es auch für alles andere gilt. Was auch geschieht, lasst es kein Kümmernis werden, durch das ihr den Buddha-Geist in einen Streitenden Geist verwandelt. Verkehrt ihn nicht in Verblendung, und lasst euer ichbezogenes Denken nicht einen Hungrigen Geist aus ihm machen. Dann lebt ihr ganz von selbst im ungeborenen Buddha-Geist. Darin habt ihr dann keine Wahl mehr. Habt ihr den großen Wert des Buddha-Geistes einmal erkannt, so könnt ihr, selbst wenn ihr wolltet, gar nicht mehr anders, als im Ungeborenen zu verharren. Ich möchte euch wissen lassen, wie entscheidend wichtig es für euch ist, euren Buddha-Geist nicht in die Drei Gifte zu verwandeln, also hört aufmerksam zu und verwandelt euren Buddha-Geist nicht mehr in etwas anderes.

Eure Parteilichkeit für euch selbst ist die Wurzel all eurer Täuschungen. Es gibt keine Täuschungen, wenn ihr nicht diese Vorliebe für euch selbst hegt. Wenn die Menschen, die neben euch sitzen, zu streiten anfangen, mag es euch, da ihr selbst nicht beteiligt seid, leicht fallen zu entscheiden, wer von den Streitenden Recht hat und wer Unrecht. Ihr seid Außenstehende, könnt also kühlen Kopf bewahren. Was aber, wenn ihr selbst beteiligt seid? Dann ergreift ihr Partei für euch selbst und stellt euch dem anderen entgegen. Und indem ihr miteinander streitet, verwandelt ihr euren Buddha-Geist in einen Streitenden Geist.

Zum anderen, da der Buddha-Geist von wunderbarer erleuchtender Weisheit ist, müssen Dinge, die ihr in der Vergangenheit getan oder erfahren habt, sich unabdingbar darin spiegeln. Heftet ihr euch an diese Bilder, die zurückgespiegelt werden, so lasst ihr unwissentlich Täuschungen entstehen. Die Gedanken entstehen nicht schon an der Stelle, wo diese Bilder widergespiegelt werden: Sie werden durch eure früheren Erfahrungen hervorgerufen und stellen sich dann ein, wenn Dinge, die ihr in der Vergangenheit gesehen oder gehört habt, sich im Buddha-Geist widerspiegeln. Ursprünglich jedoch haben Gedanken keine wirkliche Substanz. Wenn sie also gespiegelt werden, lasst sie einfach gespiegelt werden, und lasst sie entstehen, wenn sie entstehen. Wendet keinen Gedanken daran, sie anzuhalten. Hören sie auf, so lasst sie aufhören. Schenkt ihnen keine Beachtung. Lasst ihnen ihren Lauf. Dann stellen sich keine Täuschungen ein. Und da es keine Täuschungen gibt, wenn ihr die gespiegelten Gedanken nicht beachtet, mögen die Bilder ruhig im Geist gespiegelt werden, und es ist dennoch so, als geschähe dies nicht. Tausend Gedanken mögen sich einstellen, und es ist doch so, als geschähe es nicht. Sie werden euch keinerlei Verdruss bereiten. Ihr werdet keine Gedanken aus eurem Geist zu vertreiben haben – nicht ein einziger Gedanke muss abgeschnitten werden.

Toni Packer

DIE SPUREN DER ANHAFTUNG

Wenn man einmal beobachtet, mit welch tiefem Sehnen wir all das wiederhaben wollen, was uns in der Vergangenheit Freude und Glück schenkte, wird sofort deutlich, dass dieses Sehnen kein ausschließlich geistiger Prozess ist. Offenkundig ist Physisches in so machtvoller Weise daran beteiligt und beeinflusst den gesamten Körper-Geist, dass man durchaus von Sucht sprechen kann, der Sucht, die glücklichen Momente der Vergangenheit wieder lebendig werden zu lassen und erneut zu erleben. Das Gehirn ist sehr kooperativ und einfallsreich darin, die farbigsten »Videos« vergangener Vergnügen zu produzieren und am Laufen zu halten und dadurch gegenwärtige körperliche Empfindungen von Freude auszulösen. Manchmal scheinen sogar die Freuden, die durch diese Phantasiespiele geschaffen werden, jene zu übertreffen, die tatsächlich einmal erfahren wurden. In diesen unglaublich zwingenden Prozessen wird aber durch Erinnerungen nicht nur das wiederholt, was uns in der Vergangenheit Vergnügen bereitete und Sicherheit gab, sondern es werden ebenso vergangene leidvolle Ereignisse reaktiviert, die Schmerz, Kummer und Angst in der Gegenwart auslösen. Für mich persönlich, die ich erst vor kurzem meinen geliebten Ehemann verloren habe, aktivieren die lebendigen Erinnerungen an unser gemeinsames Leben unerbittlich tiefe Gefühle der Trauer.

Ist es aber möglich, in der Gegenwart irgendetwas zu erfahren, ohne dass dies sofort im Gehirn eine Spur der Erinnerung hinterlässt, die nach Wiederholung des Erfahrenen mit all den

Freuden und Schmerzen verlangt? Ist es möglich, etwas zu sehen, ohne sofort Anhaftung zu schaffen?

In vielen religiösen Traditionen heißt es, dass nicht Vergnügen das Problem sei, sondern die Anhaftung daran: »Hängt das Herz an nichts und niemanden, wenn ihr dem Leiden entkommen wollt.« Dies ist natürlich leichter gesagt als getan. Man kann sehr deutlich spüren, wie das Gehirn darauf programmiert ist, jeden Moment des Lebens als Erinnerung zu speichern, und zwar nicht nur das jeweilige Ereignis, sondern alle damit verbundenen Empfindungen und Gefühle. Erinnerungen sind auf so komplexe Weise miteinander verknüpft, dass nahezu jeder damit verbundene Gedanke, jedes Geräusch, jedes Bild, jeder Geruch, jeder Geschmack, jede Berührung glückliche oder traurige Gefühle hervorruft. Ist es aber möglich, etwas wahrzunehmen, ohne damit automatisch Anhaftung und den unbezwingbaren Drang zur Wiederholung zu schaffen?

Ich weiß es nicht. Es ist eine grundlegende Funktion des Gehirns, unsere Erfahrungen zu speichern, um uns daran zu erinnern, was gut funktioniert, uns also Vergnügen bereitet hat, und was uns Schmerz zugefügt hat. Ohne diese Gehirnleistung könnten wir vermutlich nicht überleben. Dass der Körper-Geist nach Vergnügen, nach Angenehmem verlangt und Schmerzvolles zu vermeiden sucht, ist eine Tatsache, die wir alle unmittelbar aus unserer Erfahrung kennen.

Kann dies verändert werden? Kann die automatische Speicherung durch das Gehirn so unterbrochen werden, dass Anhaftung an Erinnerungen nicht entsteht? (Krishnamurti hat eine ähnliche Frage viele Male gestellt, dabei fast fordernd, dass das Gehirn aufhören solle, Erinnerungen zu registrieren.)

Nicht sehr wirkungsvoll in diesem Zusammenhang ist es, wenn man sich dafür verurteilt, dass man anhaftet oder nicht imstande ist, Anhaftung loszulassen. Das führt lediglich zu

Schuldgefühlen aber nicht zu einem tieferen Verständnis. Kann man stattdessen das Geschehen im täglichen Leben sorgfältig beobachten und befragen, schauen, ob es menschenmöglich ist, nicht an vergangenen Erfahrungen anzuhaften in den Augenblicken, in denen sie lebendig sind? Es gibt so viel Schönheit in der Welt und sehr viel Zuneigung und Zartheit zwischen Menschen. Ist es möglich, das Schöne zu sehen – den glitzernden, farbig-nassen Sand bei Ebbe, wenn die Sonne untergeht und der Mond am Himmel erscheint; ein liebevolles Einverständnis mit einem anderen Menschen –, ohne dass daraus Keime erwachsen für künftiges Verlangen und Wollen oder für den Schmerz von Trauer und Verlust? Ist es möglich, dass das Gehirn in der Lebendigkeit dieses Augenblicks ruhig verweilen kann, ohne dass sich Verlangen rührt mit seinem gewohnheitsmäßigen Drang? In einem solchen Augenblick unmittelbaren Daseins wird kein Sehnen nach mehr geschaffen. Er ist ohne Zeit.

Es geht also nicht darum, Schönes zu meiden, »weil ich nicht daran anhaften will«, noch Beziehungen aus dem Weg zu gehen, »damit ich nicht anhafte und dann unter dem Verlust leide«. Ein solches Verhalten würde uns verkümmern lassen. Können wir aber vielleicht Augenblicke so voll und ganz leben, so unbelastet von Selbstbezogenheit, dass keine Spuren im Gehirn zurückbleiben, die nach Wiederholung verlangen?

Dies gilt es zu erforschen und vielleicht herauszufinden. Es kann nicht gelehrt oder geübt werden. Es geschieht von allein.

Und wenn doch wieder das Alte geschieht und wir uns erneut in Anhaftung verstricken, mit dem damit verbundenen Sorgen, Trauern und Sehnen, wie nehmen wir dann wahr inmitten all dieser Turbulenzen?

Kann der Geist sich im Befragen und Schauen selbst von Widerstand lösen, Schmerz oder Freude sein lassen, was sie sind, und sie, ohne sich einzumischen, tun lassen, was sie tun müssen?

Ist es möglich, diese Prozesse einfach wahrzunehmen, ohne sie kontrollieren oder sich von ihnen befreien zu wollen? Nicht dem Kommando folgend: »Du musst«, oder »Du darfst nicht«, sondern in der Gegenwart ruhend, einer Gegenwart, die unschuldig ist. Zu staunen, zu fragen, ohne zu wissen.

Shunryu Suzuki

AN NICHTS GLAUBEN

*In unserem täglichen Leben ist unser Denken zu neun-
undneunzig Prozent selbstbezogen. »Warum leide ich?
Warum bin ich in Schwierigkeiten?«*

Ich habe entdeckt, dass es notwendig, absolut notwendig ist, an
nichts zu glauben. Das heißt, wir müssen an etwas glauben, das
weder Form noch Farbe hat – etwas, das existiert, bevor Form
und Farbe in Erscheinung treten. Dies ist sehr wichtig. Ganz
gleich, an welchen Gott oder an welche Lehre ihr glaubt, wenn
ihr daran anhaftet, wird euer Glaube mehr oder weniger auf einer selbstbezogenen Vorstellung beruhen. Ihr strebt nach einem
vollkommenen Glauben, um euch zu retten. Doch es braucht
Zeit, einen solchen vollkommenen Glauben zu erlangen. Ihr
werdet dabei in eine idealistische Praxis verstrickt sein. Im stän-
digen Bemühen, euer Ideal zu verwirklichen, werdet ihr keine
Zeit für Gelassenheit finden. Wenn ihr aber stets bereit seid,
alles, was wir sehen, als etwas anzunehmen, das aus dem Nichts
erscheint, im Wissen, dass es einen Grund gibt, warum eine
phänomenale Existenz in dieser und jener Gestalt und Farbe erscheint, dann werdet ihr in diesem Augenblick vollkommene
Gelassenheit finden.

Wenn ihr Kopfschmerzen habt, dann gibt es einen Grund,
weshalb ihr sie habt. Wenn ihr wisst, warum ihr Kopfschmerzen
habt, dann fühlt ihr euch besser. Wenn ihr den Grund aber
nicht kennt, werdet ihr sagen: »Ach, ich habe schreckliche Kopf-

schmerzen! Vielleicht ist meine schlechte Praxis daran schuld. Wenn meine Meditation oder meine Zen-Praxis besser wäre, hätte ich dieses Problem nicht!« Wenn ihr die Bedingungen auf diese Weise versteht, werdet ihr keinen vollkommenen Glauben an euch selbst oder an eure Praxis haben, bis ihr Vollkommenheit erreicht habt. Ihr werdet damit so sehr beschäftigt sein, dass ich fürchte, ihr werdet keine Zeit haben, vollkommene Praxis zu erlangen, so dass ihr eure Kopfschmerzen vielleicht für immer behalten müsst! Das ist eine ziemlich törichte Art von Praxis. Diese Art von Praxis wird zu nichts führen. Aber wenn ihr an etwas glaubt, das existierte, bevor ihr Kopfschmerzen hattet, und wenn ihr den Grund wisst, warum ihr Kopfschmerzen habt, dann fühlt ihr euch auf natürliche Weise besser. Es ist in Ordnung, Kopfschmerzen zu haben, weil ihr gesund genug seid, Kopfschmerzen zu haben. Wenn ihr Magenschmerzen habt, ist euer Magen gesund genug, weh zu tun. Doch wenn euer Magen sich an seinen schlechten Zustand gewöhnt, werdet ihr keine Schmerzen haben. Das ist furchtbar. Eure Magenprobleme werden euch am Ende das Leben kosten.

Daher ist es für jeden Menschen absolut notwendig, an nichts zu glauben. Damit meine ich nicht, dass nichts da ist. Es ist etwas da, aber dieses Etwas ist etwas, das immer bereit ist, eine bestimmte Form anzunehmen, und es gibt gewisse Regeln oder eine Theorie oder Wahrheit in dieser Aktivität. Das nennt man Buddha-Natur oder Buddha selbst. Wenn diese Existenz personifiziert ist, nennen wir es Buddha; verstehen wir es als die letztendliche Wahrheit, dann nennen wir es Dharma; und nehmen wir die Wahrheit an und handeln als Teil des Buddha oder nach der Lehre, dann nennen wir uns Sangha. Doch obwohl es drei Buddha-Formen gibt, ist es *eine* Existenz, die weder Form noch Farbe hat und immer bereit ist, Form und Farbe anzunehmen. Das ist nicht nur Theorie. Das ist nicht nur die Lehre des Buddhismus. Das ist das absolut notwendige Verständnis unseres Lebens. Ohne dieses Verständnis wird unsere Religion uns nicht helfen. Wir werden durch unsere Religion gebunden sein, und wir werden durch sie noch mehr Schwierigkeiten haben. Wenn ihr das Opfer des Buddhismus werdet, bin ich vielleicht sehr glücklich, aber ihr werdet nicht so glücklich sein. Diese Art von Verständnis ist also sehr, sehr wichtig.

Während ihr Zazen praktiziert, hört ihr vielleicht, wie der Regen in der Dunkelheit vom Dach tropft. Später wird der wunderbare Nebel durch die mächtigen Bäume dringen, und noch später, wenn die Menschen an die Arbeit gehen, werden sie die wunderschönen Berge sehen. Aber einige Leute ärgern sich, wenn sie am Morgen im Bett liegen und den Regen hören, weil sie nicht wissen, dass sie später die herrliche Sonne im Osten aufgehen sehen werden. Wenn unser Geist auf uns selbst konzentriert ist, werden wir derartige Sorgen haben. Aber wenn wir uns selbst als die Verkörperung der Wahrheit oder der Buddha-Natur akzeptieren, haben wir keine Sorgen. Wir werden denken: »Jetzt regnet es, aber wir wissen nicht, was im nächsten Augenblick geschieht. Wenn wir später hinaus gehen, wird es vielleicht schön oder stürmisch sein. Da wir es nicht wissen, wollen wir jetzt das Geräusch des Regens würdigen«. Diese Einstellung ist die richtige. Wenn ihr euch selbst als eine zeitliche Verkörperung der Wahrheit versteht, werdet ihr keinerlei Schwierigkeiten haben. Ihr werdet eure Umgebung schätzen, und ihr werdet euch selbst schätzen als einen wunderbaren Teil von Buddhas großer Aktivität, selbst inmitten von Schwierigkeiten. Das ist unsere Lebensweise.

In buddhistischen Begriffen gesprochen, sollten wir mit der Erleuchtung beginnen, zur Praxis fortschreiten und danach zum Denken. Gewöhnlich ist das Denken sehr selbstbezogen. In unserem täglichen Leben ist unser Denken zu neunundneunzig Prozent selbstbezogen: »Warum leide ich? Warum bin ich in Schwierigkeiten?« Solche Gedanken machen neunundneunzig

Prozent unseres Denkens aus. Wenn wir zum Beispiel mit dem Studium einer Wissenschaft beginnen oder ein schwieriges Sutra lesen, werden wir sehr bald müde oder schläfrig. Aber wir sind immer hellwach und sehr interessiert, wenn es um unser selbstbezogenes Denken geht! Doch wenn die Erleuchtung zuerst kommt, vor dem Denken, vor der Praxis, dann werden euer Denken und eure Praxis nicht selbstbezogen sein. Mit Erleuchtung meine ich, an nichts zu glauben; an etwas zu glauben, das weder Form noch Farbe hat, das aber bereit ist, Form oder Farbe anzunehmen. Diese Erleuchtung ist die unwandelbare Wahrheit. Auf diese ursprüngliche Wahrheit sollte unsere Aktivität, unser Denken und unsere Praxis gegründet sein.

Jeder Augenblick kommt aus dem Nichts und vergeht im Nichts, um nie wieder aufzutauchen. Wie kannst du auf etwas so Flüchtiges bauen?

Suche das Beständige bei dir selbst! Tauche tief in dein Inneres und finde, was denn in dir Wirklichkeit ist. Gib alle Fragen auf – bis auf die eine: »Was bin ich?« Das »Ich bin« ist gewiss, das »Ich bin dies« oder »Ich bin das« ist es nicht.

Das Suchen selbst ist schon dein Wahres Wesen; du entdeckst, dass du weder der Körper noch der Geist bist, sondern die Liebe des Selbst in dir zum Selbst in allem.

Nisargadatta

Der Weg aus dem Leben-und-Tod ist keine besondere Methode; wesentlich ist, die Wurzel von Leben-und-Tod zu durchschauen. Sie steckt im innersten Kern jedes Menschen, und alles ist von ihr abhängig. Zen heißt: zu ihr durchzudringen.

Zazen ist nicht eine Art Übung, der man anhängen müsste. Es ist der Schritt in das eigene Wahre Wesen, bevor Vater und Mutter geboren wurden. Das Selbst sucht das Selbst zu erfassen, aber da es selbst schon das Selbst ist, warum sollte es das Selbst zu ergreifen suchen? Blicke hinein, wo es damals war, wo es jetzt ist, wohin es geht, wenn das Leben erlischt. Wenn du merkst, dass du nicht länger hinsehen kannst, dann schau und sieh, wie dieses Unvermögen zu sehen erscheint und verschwindet. Wenn du das Sehen kommen und gehen siehst, dann wird die Einsicht von selbst aufscheinen.

Tsu-yüen [Bukko]

A.M.A. Samy Gen-un-ken

TOSOTSUS DREI HINDERNISSE

Erstes Hindernis:

Mönche, ihr wendet jeden Stein, um die Tiefen zu erforschen, nur um in eure Wahre Natur zu blicken. Jetzt, in diesem Augenblick, möchte ich euch fragen: Wo ist eure Wahre Natur?

Zweites Hindernis:

Wenn ihr eure Wahre Natur erkennt, seid ihr frei von Leben und Tod. Sagt mir, wie könnt ihr frei sein von Leben und Tod, wenn euer Augenlicht euch im letzten Augenblick verlässt?

Drittes Hindernis:

Wenn ihr euch selbst frei gemacht habt von Leben und Tod, dann solltet ihr eure letzte Bestimmung kennen. Also: Wenn sich die vier Elemente trennen, wohin werdet ihr gehen?

Dies ist ein sehr wichtiges Koan über den Tod. Alle Religionen beschäftigen sich mit der Frage des Todes, und zwar so sehr, dass jemand einmal sagte, Religionen seien eine Verteidigung gegen den Tod oder eine Leugnung des Todes. Aber nicht nur Religionen, auch Zivilisationen und Kulturen stellen eine Art Verteidigung gegen den Tod dar. Jeder von uns muss sich der Frage von Sterben, Tod und dem, was über den Tod hinausgeht, stellen.

Im Zen ist dies ein wichtiges, immer wiederkehrendes Thema, zu dem es viele, viele Koans gibt. Aber die Koans zu lösen ist nicht genug. Man muss zu einer tieferen Erkenntnis gelangen. In jedem Augenblick sterbt ihr. Dies ist ein Teil von uns. Wir werden geboren, wir wachsen heran, wir sterben. Wenn ihr jünger seid, denkt ihr vielleicht nicht oft darüber nach. Wenn ihr älter seid oder wenn ihr krank werdet oder wenn jemand, der euch nahe steht, stirbt, dann beschäftigt ihr euch mit der Frage des Todes: damit, dass diese physische Erscheinung eines Tages nicht mehr da sein wird.

Manchmal denkt ihr vielleicht: Wenn mir kein Unfall zustößt, ich keinen Krebs bekomme, keinen Herzinfarkt, dann kann ich vielleicht noch zwanzig oder dreißig Jahre leben. Aber die Jahre vergehen, die Zeit fliegt dahin, und plötzlich ist es so weit. Als ich zum Priester geweiht wurde – bei den Jesuiten gewöhnlich nach fünfzehn Jahren –, sagte meine Mutter: »Fünfzehn Jahre.« Und ich antwortete: »Fünfzehn Jahre, was soll's?« Aber die Zeit war so schnell vergangen. Als ich 1978 nach Japan ging, um Zen zu praktizieren, sagte man mir, dass es zehn bis fünfzehn Jahre dauern werde, die ganze Koan-Arbeit zu leisten. Ich dachte: »Mein Gott, das kann ich nicht machen.« Aber die Zeit verflog.

Plötzlich sind wir alt, krank und stehen vielleicht heute oder morgen dem Tod gegenüber. Wir sind wie zarte Blumen: Wir blühen und verwelken in kurzer Zeit. Fünfzehn oder zwanzig Jahre wachst ihr heran, lernt zu leben, dann arbeitet ihr vielleicht dreißig Jahre lang, werdet krank oder hinfällig, Ende. Manchmal halten wir uns für so stark. Aber wir sind nicht allmächtig, wir sind alle zarte Blumen. Unser Leben kann so schön sein, weil wir so zerbrechlich sind, so sterblich, so vergänglich – wie schön! Der physische Tod ist das letzte Zeichen von Leere und Nichtigkeit des Seins. Unser ganzes Leben hindurch sind wir umgeben und durchdrungen von diesem Nichts und dieser Leere. Trennung, Verlust, Schmerz, Verlassenwerden gehören dazu und darüber hinaus Bedeutungslosigkeit und Einsamkeit. Die Menschen versuchen, dieses Gefühl von Leere abzuwehren, indem sie ihr Leben »managen«, und sobald die Leere Stücke aus ihnen selbst und ihrem Leben herausreißt, versuchen sie, ihre Welt wiederherzustellen und neu zusammenzusetzen, um so den Wolf in Schach zu halten. Aber wir können den umherstreifenden Wolf nicht völlig fern halten oder vergessen oder verleugnen. Er steht vor unserer Tür, schaut uns an mit glühenden, gierigen Augen und offener Schnauze.

Also: Wie begegnen wir der Frage nach unserer eigenen Krankheit und Sterblichkeit? Drei Fragen stellen sich hier:

1. Du kommst hierher und suchst deine Wahre Natur zu erkennen. Warte nicht bis morgen. Hier und jetzt kämpfst du darum: Was ist deine Wahre Natur? Kannst du sie mir zeigen, hier und jetzt?

2. Wenn du deine Wahre Natur erkennst, bist du frei von Leben und Tod. Ich frage dich: Wenn du stirbst, jetzt, in diesem Moment, wie willst du dann frei werden von Leben und Tod?

3. Wenn du dann einmal frei bist von Leben und Tod, weißt du, wohin du schließlich gehst. Nach deinem Tod, wohin gehst du?

Das sind sehr wichtige Fragen, die alle zusammenhängen. Wer sind wir? Was ist Wirklichkeit? Was ist Wahrheit? Diese Fragen kann man nicht voneinander trennen. Was ist mein Leben? Was ist die Bedeutung meines Lebens? Was ist Tod?

Natürlich kann es viele unterschiedliche Reaktionen geben bei der Betrachtung des Todes. Früher dachten die Menschen vielleicht an Himmel und Hölle, aber heutzutage glauben viele nicht mehr daran. »Wenn man stirbt, ist es vorbei«, denken manche. Einige glauben: »Wir sterben nie, wir leben weiter, vielleicht als Steine, Bäume oder was auch immer.« Wieder andere glauben: »Ich bin eins mit allem, ich werde leben.« Oder einige glauben, dass das Selbst oder die Person verschieden sei von der »Natur«, von den Dingen, und dass die Person unsterblich, ja ewig sei.

Einige Menschen stellen sich dieser Frage nicht wirklich. Sie sagen: »Ich kümmere mich nicht darum, ich möchte leben, das ist alles.« Einige empfinden: »Wenn man sein Leben ganz lebt, also ein schönes Leben führt, ist das in Ordnung. Wenn meine Zeit kommt, werde ich gehen.«

Aber was ist, wenn du dein Leben nicht voll lebst? Und besonders, wenn die ganze Zeit so viel Tod um dich herum ist? Was machst du? Sagst du einfach: »Vergiss das alles«, und machst weiter? Wie stellst du dich dieser Situation? Oder sagst du einfach: »Nun, es gibt ein anderes Leben nach diesem. Warum sich über den Tod sorgen?«

Religionen geben ebenfalls Antworten. Christentum, Judentum, Buddhismus, Hinduismus, Islam – jede Religion versucht Antworten zu geben. Aber ich glaube, keine dieser religiösen Antworten wird uns zufrieden stellen. Letztlich sind das alles Antworten, die von außen kommen. Aber das reicht nicht aus. Wie also begegnest du Leben und Tod in *deinem* Leben? Wer bist *du*? Was ist Leben? Was ist die Bedeutung von Leben? Natürlich kann man sagen: »Wir können diese Fragen nicht beantworten«, und einfach dasitzen. Aber ist das genug?

Dazu eines der vielen Koans:

Eines Tages besuchte Dogo in Begleitung seines Schülers Zengen eine Familie, in der eine Beerdigung stattfinden sollte. Sie wollten ihr Mitgefühl ausdrücken. Zengen berührte den Sarg und fragte: »Sag mir bitte, ist dies Leben oder Tod?«

Da lag also eine Leiche. Der Schüler schaute auf die Leiche und fragte den Meister: Lebt sie oder ist sie tot? Dogo antwortete: »Ich werde dir nicht sagen, ob dies Leben ist oder ob dies Tod ist. Ich werde es dir nicht sagen.« »Ich werde nicht« bedeutet: »Ich kann nicht.« Man kann nicht einfach sagen: Das ist der Tod. Das hier ist mehr als der Tod. Man kann auch nicht einfach sagen: Das ist Leben. Das hier ist mehr als Leben.

Zengen fragte weiter: »Warum sagst du es mir nicht?« Dogo antwortete: »Nein, ich werde es dir nicht sagen.« Auf dem Heimweg sagte Zengen: »Lehrer, sei so freundlich und erkläre es mir. Wenn nicht, werde ich dich schlagen.« Den Lehrer zu schlagen ist eines der schlimmsten Verbrechen. Aber der Schüler war so verzweifelt, deshalb drückte er sich so aus. Er glaubte, der Meister könne ihm die Antwort geben. Dogo sagte: »Schlag mich, wenn du möchtest, aber ich werde dir nichts sagen«, und Zengen verprügelte ihn. Später, nach Dogos Tod, ging Zengen zu Sekiso, erzählte ihm die ganze Geschichte und bat ihn: »Bitte, hilf du mir jetzt.« Er trug diese Bürde noch immer mit sich herum. Und Sekiso erwiderte: »Ich werde dir nicht sagen, ob es Leben oder Tod ist.« Zengen fragte: »Warum sagst du es mir nicht?« Sekiso antwortete: »Nein, ich werde es dir nicht sagen.« Als Zengen dies hörte, erlangte er Erleuchtung.

Es gibt ein ähnliches Koan über Chosa. Sancho, ein Rinzai-Schüler, schickte einen Mönch zu Chosa, um ihn über den toten Lehrer Nansen zu befragen. Der Mönch fragte Chosa: »Wohin ging Nansen nach seinem Tod?« Chosa antwortete: »Als junger Mönch traf Sekiso Meister Eno.« Er gab eine Antwort, die mit der Frage nichts zu tun hatte, er schien über etwas anderes zu sprechen. Der Mönch sagte: »Ich habe dich nicht nach Sekiso gefragt, sondern danach, was mit Nansen nach seinem Tod ist.« Und Chosa sagte: »Geh und frag Nansen.« Und der Mönch entgegnete: »Du bist ein großer Meister, und du kannst nicht einmal das beantworten.« Chosa schwieg. Der Mönch erzählte diese Begebenheit Sancho, der daraufhin meinte: »Wenn Chosa derart antwortet, dann ist er größer als Rinzai. Ich werde hingehen und selbst sehen.« So kam er zu Chosa: »Ich hörte von deiner wundervollen Antwort. Niemals zuvor hat jemand derart geantwortet.« Chosa schwieg weiter.

Dies ist ein schönes Koan. Der Punkt ist: Es gibt keine Antwort. Welche Worte auch immer man benutzt, es sind nur Worte. Man kann auch sagen: »Schweig wie dieser Mann. Es gibt keine Antwort. Dies sind alles Geheimnisse. Niemand weiß etwas darüber.«

Es gibt noch eine andere Begebenheit: Jemand fragte einen Meister: »Was geschieht nach dem Tod?« Dieser antwortete: »Ich weiß es nicht. Ich bin noch nicht tot.«

Es gibt eine Vielzahl solcher Anekdoten. Natürlich kann man auf irgendeine Weise antworten, aber es gibt keine Worte, an denen man etwas festmachen könnte. Schweigen allein ist aber auch nicht genug, oder?

Der berühmte Zen-Meister Ikkyû suchte einen seiner Laien-Freunde auf, der im Sterben lag. Er sprach zu ihm: »Ich werde dich nun an dein letztes Ende führen.« Der Mann, ein Zen-Schüler, entgegnete: »Ich brauche deine Führung nicht. Ich kam allein, ich gehe allein.« Ikkyû sagte: »Zu denken, dass du allein kamst und allein gehst, ist eine Illusion. Ich werde dich lehren, dass es kein Kommen und kein Gehen gibt.« Als der Mann dies hörte, lächelte er und starb.

»Es gibt kein Kommen und kein Gehen« – *dies* lernen zu können ist etwas Schönes.

Und nun, wie siehst du dein eigenes Leben? Es geht nicht nur um Tod. Du musst ständig lernen loszulassen. Einschlafen ist auch eine Art Tod. Aber es fällt uns leicht, weil wir es von Kindheit an tun, ohne darüber nachzudenken. Deshalb gelingt es uns leicht. Wären wir dieses Einschlafen nicht gewohnt, vielleicht würde es uns dann nicht gelingen: alles loslassen, alles vergessen, ins Nicht-Bewusstsein fallen. Daran zu denken kann erschreckend sein. Aber wir sind es gewohnt, wir sind sicher, dass wir wieder aufwachen, und so schlafen wir ein. Einschlafen ist eine Art Sterben.

Vielleicht sind wir zwar bereit, physisch zu sterben, aber ein Bild, eine Vorstellung von uns wollen wir unbedingt der Welt hinterlassen. Dass man heilig ist, dass man großartig ist, dass man gut ist – irgendein Bild. Dass man eine liebende Mutter oder ein liebender Vater ist. Wir sind abhängig von Vorstellungen, die wir von uns haben. Auch das ist eine Art, uns selbst fortleben lassen zu wollen. Wir können ein Denkmal errichten oder Kinder zurücklassen, die unseren Namen weiter tragen.

Es gibt ein Buch mit dem Titel: *Das Leugnen des Todes.* Darin heißt es: Nicht Sex, nicht andere Dinge sind das Hauptproblem, sondern das Anschauen unseres Todes. Wir verwenden alle Zeit auf den Versuch zu fliehen, in Ekstase, in Religion, aber wir schauen uns nicht wirklich unser Sterben an. Es gibt keine Möglichkeit, der Leere zu entfliehen. Sicher, du kannst sie leugnen oder dein Leben mit verschiedenen Abwehrmechanismen versehen, dich selbst verlieren in geschäftigem Lieben, Arbeiten oder sonst was. Aber nur, indem du die große Leere durchlebst, die totale Finsternis, Einsamkeit und Bedeutungslosigkeit, nur indem du dich diesem bodenlosen Abgrund übergibst, kannst du »erlöst« und befreit werden.

Ich las in einem sehr guten Buch über das Tarot, *Die Große Arcana des Tarot* (1983), das Kapitel über den Tod. Darin ist von vier Gedächtnisebenen die Rede. Die erste Ebene ist das automatische, mechanische Gedächtnis. Man erinnert sich an Dinge, die man am Tag zuvor getan hat. Dieses mechanische Gedächtnis kommt und geht: Man kann Dinge vergessen. Unser Selbst, unser Bewusstsein, ist stark verbunden mit der Erinnerung an unsere eigene Geschichte und an unsere Erfahrungen. Zweitens gibt es ein logisches Gedächtnis. Logisch heißt, du kannst erkennen: was ist was, welche Konsequenz folgt woraus.

Drittens gibt es ein moralisches Gedächtnis. Es befasst sich mit Gerechtigkeit. Zum Beispiel werden überall in der Welt so viele Menschen Opfer von Gewalt. Was geschieht ihnen? Was ist Gerechtigkeit? Gibt es Gerechtigkeit nach dem Tod? Dies sind Fragen, die wir uns manchmal stellen. Wir sind glücklich hier, sitzen da und genießen unser Leben. Stellen wir uns solche Fragen? Das moralische Gedächtnis stört uns.

Dann gibt es eine Dimension des vertikalen Gedächtnisses. Vertikales Gedächtnis meint eine Art Empfinden, dass wir in Berührung sind mit einer Wirklichkeit, die über Raum und Zeit hinausgeht. Wir können irgendwie dahin gelangen (wie Ikkyû sagt), wo es kein Kommen und kein Gehen gibt. Kannst du also auf diese Weise in Berührung kommen mit einer Dimension in dir, die zwischen Leben und Tod liegt, achtsam sein dafür? Und kannst du so Leben und Tod durchqueren?

In unserem Sein gibt es viele Ebenen. Gibt es eine Dimension, die nicht zerstörbar ist, die immer da ist? Im gewöhnlichen Leben müssen wir Leben und Tod, Tag und Nacht akzeptieren. Das ist kein Problem für die meisten von uns. Aber die Frage lautet: Ist das alles? Oder gibt es eine Art Selbst, das wiedergeboren wird und immer weiter besteht? Wohin wirst du gehen nach dem Tod, wie dieses Koan fragt. Aber danach zu fragen scheint sehr ichbezogen zu sein. Wie erfährst du jenes Selbst, das Geburt und Tod transzendiert? Kannst du zu dieser Dimension aufwachen? Kannst du diese andere Dimension, die jenseits von Leben und Tod ist, tief erfahren?

Der Buddha sagte: »Mönche, gäbe es nicht Nicht-Geborenwerden, Nicht-Bedingtes, Nicht-Sterben, dann gäbe es keine Erlösung für die Geborenen, die Sterbenden, die Leidenden, die Unwissenden.« Ich kämpfte lange Zeit mit diesem Koan. Als ich es mit Yamada Roshi behandelte, war es aufregend, aber danach vergaß ich es. Dann kam es zu mir zurück. Als ich in mittlerem Alter war, kam dieses Koan immer wieder zurück und fragte:

Was überlebt? Was ist jenes Selbst? Ist es überhaupt da, oder ist es nichts? Kann man einfach sagen wie einige Buddhisten: Nur die Elemente werden wiedergeboren; es gibt kein Selbst, alles fließt? Oder *gibt* es irgendein Selbst, wie das Christentum sagt? Das scheint mir zu eng gesehen, zu egoistisch. Oder ist es so wie einer bestimmten hinduistischen Ansicht zufolge, dass nur Gott (Shiva) wirklich wiedergeboren wird? Shiva bedeutet Selbst. Ist es nicht das kleine Selbst, ist es Gott selbst – und gibt es nur einen Gott, der mit so vielen Gesichtern erscheint? Ist *das* genug? Ich hatte damit jahrelang zu kämpfen. Obwohl ich alle Koans bearbeitet und viele Erfahrungen gemacht hatte, kämpfte ich noch lange Zeit. Erst vor kurzem kam ich zu einer Art tiefer Erkenntnis.

Aber natürlich muss jeder zu dieser Erkenntnis erwachen. Irgendwann musst du zu deinem Wahren Selbst erwachen. Du kannst dieses Erwachen nicht erzwingen, aber du kannst suchen, fragen. Und irgendwann erwachst du zu dieser Dimension. Du kannst dies nicht allein bewirken. Du studierst auch die Schriften, du hörst den Lehrern zu. Gleichzeitig musst du intensiv fragen, bis dir die Erfahrung zuteil wird, zu erkennen, zu erwachen, zu berühren und zu sehen: »Ah, das ist es, ja.« Jeder von uns kann dahin gelangen. Natürlich ist es nicht eine Sache von ein oder zwei Jahren. Wenn du offen hierfür bist, wenn du suchst, wenn du ständig hierauf konzentriert bist, dann kannst du dahin gelangen, es zu erfahren. Aber nur wenn es dein Lebenskoan ist. Alle anderen Arten, mit dem Koan zu arbeiten, sind nur Spielerei. Nur bestimmte Koans können dein Lebenskoan sein. Finde dein eigenes Lebenskoan.

Ich möchte hier von Etty Hillesum sprechen. Ihre Briefe haben mich sehr berührt. Sie war Jüdin; dreiunddreißig war sie, als sie in einem Konzentrationslager starb. Ihre Art zu leben und innere Freiheit zu erlangen, kann man nicht nachahmen; du musst vielmehr erwachen zu deinem wirklichen Du-Selbst. Sie lebte inmitten des Todes, gefoltert, leidend. Trotz allem konnte sie sagen: » Gott, Du hast mich so reich gemacht, bitte lass mich deine Schönheit offen verbreiten. Mein Leben ist ein ununterbrochener Dialog geworden mit Dir, oh Gott. Manchmal, wenn ich in einer Ecke des Lagers stehe, meine Füße fest auf Deiner Erde, meine Augen zu Deinem Himmel erhoben, dann laufen Tränen über mein Gesicht, Tränen tiefer Bewegtheit und Dankbarkeit.«

Wie können wir das verstehen? Sie wusste, dass jeder getötet wurde, und dennoch sagte sie: »Ich bin erfüllt von Dankbarkeit und Freude« und »Es gibt einen Raum in mir, den nichts mir wegnehmen kann; ich bin frei.« Natürlich richtet sie sich an Gott – das macht nichts. Gott ist eine Dimension von Wirklichkeit, die du selbst bist oder die in dir selbst ist. Wenn du kommst und das berührst, dann wirst du verwandelt. Das ist etwas, das wir nicht einfach fertig bringen, indem wir sagen: »Ich werde, ich will.«

Wenn du so weit kommst, diese Dimension zu erkennen, dann kannst du auch frei Leben und Tod durchschreiten. Leben und Tod sind wie Tag und Nacht oder wie deine beiden Füße, sie sind nicht getrennt von dir. Klammere dich aber nicht an diese Konzepte und denke nicht: »Jetzt schwebe ich über allem.« Das ist nur eine Idee, klammere dich nicht daran. Du musst dich selbst aufgeben, dich völlig hingeben. Wie Dogen sagte: »Wenn du stirbst, stirb einfach.«

Die Gefahr einiger Zen-Geschichten liegt jedoch darin, dass die Leute diese Koans bearbeiten und dann so etwas sagen wie: »Ich habe mit dem Tod keine Probleme mehr; wenn du stirbst, dann stirbst du eben.« Aber es gibt auch eine Zeit, uns Leiden, Kummer und Tod zu stellen, eine Zeit zu trauern. Es gibt eine Zeit zu trauern. Vergiss das nicht. Manchmal versucht Zen, heldenhaft zu sein, wie in der folgenden Geschichte: »Ein Mann kam zu Enkan, der in Kyoto Meister war, und fragte: ›Wie kann ich über den Tod hinausgelangen?‹ Enkan schlug ihn und warf ihn hinaus, wobei er sagte: ›An meinem Ort gibt es weder Leben noch Tod.‹«

Vielleicht hört man solche Geschichten gern, aber es besteht die Gefahr, dass deine Verletzlichkeit, deine Ängste und Trauer weggewischt werden durch den Versuch, heroisch zu sein. Das ist falsch. Du musst auch trauern, dich grämen, leiden. All das ist Teil des Lebens. Und eben dadurch musst du zur Erkenntnis gelangen. Du gibst dich hin, dem Leid, dem Tod, all jenen Dingen, um ganz in der Lage zu sein, dein Leben zu leben, deine menschliche Bedingtheit ganz anzunehmen. Was es bedeutet, die menschliche Bedingtheit zu akzeptieren, wird uns meistens erst dann klar, wenn wir eine unheilbare Krankheit bekommen. Menschlich zu sein, sterblich und schwach zu sein, Erbe unserer tausend Krankheiten und Demütigungen zu sein.

Einige spirituelle Heilslehren wollen uns lehren, unsterblich zu werden, nicht-sterblich. Das ist eine Leugnung des Todes, eine Flucht vor dem Leben und kein wirkliches Erlangen von wahrem Erwachen. Lass dich nicht einfangen von diesen falschen Lehren. Es gibt so viele falsche Wege, die versuchen, vor diesen Dingen zu fliehen.

Komm zu wahrem Erwachen, dann kannst du die menschliche Bedingtheit voll akzeptieren. Damit dies geschehen kann, sei offen für dein Lebenskoan. Wenn es auf dich zukommt, nimm es an, dein Lebenskoan. Sieh es genau an, bis du wirklich erwachst. Den Tod anschauen ist unser großes Koan.

Chinul

SUSIM KYOL

Geheimnisse der Geistespflege

Schüler: Was ist der Geist des leeren und ruhigen transzendenten Gewahrseins?

Chinul: Was mir gerade diese Frage gestellt hat, ist genau dein Geist des leeren und ruhigen transzendenten Gewahrseins. Warum verfolgst du nicht sein Strahlen zurück, anstatt danach in der Außenwelt zu suchen? Für dich will ich jetzt direkt auf deinen ursprünglichen Geist zeigen, so dass du zu ihm erwachen kannst. Entleere deinen Geist und höre auf meine Worte. Vom Morgen zum Abend, durch die zwölf Stunden des Tages, während all deiner Handlungen und Aktivitäten – ob Sehen, Hören, Lachen, Sprechen, ob ärgerlich oder glücklich, Gutes oder Böses hervorbringend, wer ist letztendlich imstande, diese Handlungen zu setzen? Sag! Wenn du sagst, dass es der physische Körper ist, der handelt – wenn das Leben eines Menschen endet, wie kommt es dann, dass, obwohl der Körper noch nicht zerfällt, die Augen nicht sehen, die Ohren nicht hören, die Zunge nicht sprechen, der Körper sich nicht bewegen, die Hände nichts ergreifen und die Beine nicht gehen können? Du solltest wissen, dass das, was sehen, hören, sich bewegen und handeln kann, dein ursprünglicher Geist sein muss; es ist nicht dein physischer Körper. Mehr noch, die vier Elemente, aus denen dein physischer Körper besteht, sind von Natur aus leer; sie sind wie Bilder in einem Spiegel oder wie die Spiegelung des Mondes

im Wasser. Wie könnten sie klar und dauernd gewahr sein, immer hell und nie verdunkelt – und, wenn aktiviert, imstande, wunderbare Fähigkeiten hervorzubringen, zahllos wie der Sand am Meer? Aus diesem Grunde heißt es: »Wasser holen und Feuerholz tragen, das sind die übernatürlichen Kräfte und wunderbaren Fähigkeiten.« Es gibt viele Eingänge zum Transzendenten. Ich möchte einen Zugang aufzeigen, der dir zur Quelle zurüchzukehren erlaubt.
Hörst du diese Krähe und jenen Spatzen rufen?

Schüler: Ja.

Chinul: Verfolge sie zurück und höre auf die Natur deines Hörens. Hörst du irgendeinen Ton?

Schüler: An diesem Ort haben Töne und Unterscheidungen keine Geltung.

Chinul: Prächtig, prächtig! Das ist Avalokiteshvaras Art, in das Transzendente einzutreten. Ich frage dich nochmals: Du sagtest, dass Töne und Unterscheidungen an diesem Orte keine Geltung haben. Aber da sie keine Geltung haben, ist nicht die Natur deines Hörens dann nur leerer Raum?

Schüler: Ursprünglich ist er nicht leer. Er ist immer hell und nie verdunkelt.

Chinul: Was ist die Essenz dessen, das nicht leer ist?

Schüler: Da es keine frühere Gestalt hat, können Worte es nicht beschreiben.

Chinul: Dies ist die Lebenskraft aller Buddhas und Patriarchen – zweifle nicht mehr daran. Da es keine frühere Gestalt hat, wie könnte es groß oder klein sein? Da es nicht groß oder klein sein kann, wie könnte es Begrenzungen haben? Da es keine Begrenzungen hat, kann es kein Innnen noch Außen besitzen. Da es kein Innen und Außen besitzt, gibt es weder fern noch nah. Da es weder fern noch nah gibt, gibt es kein hier und kein da. Da es kein hier und kein da gibt, gibt es auch kein Kommen und Gehen. Da es kein Kommen und Gehen gibt, sind da keine Geburt und kein Tod. Da keine Geburt und kein Tod sind, gibt es keine Vergangenheit noch Gegenwart. Da es keine Vergangenheit noch Gegenwart gibt, ist da weder Verblendung noch Erwachen. Da weder Verblendung noch Erwachen existiert, gibt es weder gewöhnliche Menschen noch Heilige. Da es weder gewöhnliche Menschen noch Heilige gibt, existiert weder Reinheit noch Unreinheit. Da es weder Reinheit noch Unreinheit gibt, existiert weder Richtig noch Falsch. Da weder Richtig noch Falsch existiert, sind Namen und Worte darauf nicht anwendbar. Da diese Konzepte nicht anwendbar sind, sind Sinnes-Grundlagen und Sinnesobjekte, verblendete Gedanken, ja selbst Formen, Gestalten, Namen und Worte alle nicht anwendbar. Wie kann es also irgendetwas sonst sein als ursprünglich leer und ruhig und von Anbeginn Kein-Ding? Trotzdem, wo alle *dharmas* leer sind, ist das transzendente Gewahrsein nicht verdunkelt. Es ist nicht dasselbe wie Gefühllosigkeit, denn seine Natur ist spirituell gewitzt. Das ist deine reine Geist-Essenz des leeren und ruhigen transzendenten Gewahrseins. Dieser reine, leere und ruhige Geist ist der Geist der hervorragenden Reinheit und Strahlkraft aller Buddhas der drei Zeiten; es ist jene erleuchtete Natur, welche die Urquelle aller fühlenden Wesen ist. Wer dazu erwacht und dieses Erwachen absichert, wird in der einen »so-heitlichen« und unbewegten Freiheit wohnen. Wer verblendet ist und ihm den Rücken kehrt, bewegt sich zwischen den sechs Welten und wandert im Samsara für zahllose Kalpas. Wie gesagt wird: »Wer bezüglich des Einen Geistes unsicher ist und sich zwischen den sechs Welten bewegt, der geht hin und tut. Wer jedoch zu *dharmadhatu* erwacht und umkehrt zum Einen Geist, der ist angelangt und still.« Obwohl diese Unterscheidung zwischen Verblendung und Erwachen besteht, sind sie in ihrer ursprünglichen Beschaffenheit eins, wie gesagt wird: »Das Wort *dharma* bedeutet Geist des fühlenden Wesens.« Aber da von diesem leeren und ruhigen Geist *nicht mehr* in einem Heiligen, noch *weniger* in einem normalen Menschen vorhanden ist, heißt es auch: »In der Weisheit des Heiligen ist es nicht heller; verborgen im Geist des normalen Menschen ist es nicht dunkler.« Da davon weder *mehr* im Heiligen noch *weniger* im normalen Menschen vorhanden ist, wie unterscheiden sich dann Buddhas und Patriarchen von anderen? Das Einzige, was sie unterscheidet, ist, dass sie ihren Geist und ihre Gedanken schützen können – nichts sonst. Wenn du mir glaubst bis dorthin, dass du plötzlich deinen Zweifel auslöschen, den Willen eines großen Mannes zeigen und wahre Schau und Einsicht hervorbringen kannst, wenn du ihren Geschmack für dich selbst erkannt hast, die Stufe der Selbst-Bestätigung erreichst und das Verständnis deiner Wahren Natur, dann ist Einsicht-Erwachen erreicht für jene, die sich dem Geist gewidmet haben. Da keine weiteren Stufen nötig sind, wird es »plötzlich« genannt. Darum heißt es: »Wenn man in Sachen der Wahrheit ohne jeglichen Irrtum in jede Qualität der Erfüllung der Buddhaschaft eingreift, dann ist Wahrheit erreicht.«

»Alle Dinge kehren zu dem Einen zurück – wohin kehrt das Eine zurück?« – Leben ist wie ein Hemd anhaben, Sterben ist wie die Hose ausziehen. Wenn Leben und Tod von dir abgefallen sind wie die alte Haut einer Schlange und jede Bedeutung verloren haben, dann bleibt das geistige Licht des Einen Weges allein erhalten. Ah, die eiligen Flammen werden vom Wind angefacht – kein Atom in irgendeiner Welt ändert sich jemals.

Yu-ching (aus seiner Grabrede für den alten Yi beim Entzünden des Scheiterhaufens)

S: Hearst mi dann aa, wann i nix röd?

A: Sell woaß i nöd; röd amal nix, ob i nacha was hear.

S: Ja, hiatz paß auf, jetz röd i nix: – - – - – Hast dös hiatz gheart, wiar i nix gredt hab?

A: Ja tadellos – und des hob i nacha a gheart, wias'd gsagt hast: »Hast dös hiatz gheart, wiar i nix gredt hab?«

S: So, des hast gheart? – Aber des andere net?

A: Was für an anders?

S: No ja, wia i nix gredt hab.

A: Na, zuagheart hab i scho, aber gheart hab i nix.

S: Des is gspoaßi, gell, mit der Hearerei!

Karl Valentin

138

QUELLENHINWEISE

Für die freundliche Abdruckgenehmigung danken wir den nachfolgend aufgeführten Verlagen, Autorinnen und Autoren und Rechtsnachfolgern:

Einleitung
Ludwig Wittgenstein (1989–1951), österreichischer Philosoph, der sich in seiner Sprachphilosophie häufig der Ausdrucksweise des Zen näherte.
Entnommen: Ludwig Wittgenstein: Tractatus logico-philosophicus, Frankfurt am Main: Suhrkamp Verlag, 1960.

Offene Weite – nichts von heilig
Karl Obermayer: Offene Weite
Karl Obermayer, geb. 1939 in Wien, römisch-katholischer Pfarrer in Wien. Erste Lehrerlaubnis im Zen erhielt er 1973 durch Pater Enomiya-Lassalle; dann stand er 10 Jahre in engem Kontakt mit Nagaya Kiichi Roshi, der 1986 seine Reisen nach Europa einstellte und ihn bat, seine Arbeit in Europa fortzusetzen. 1996 wurde ihm von Dr. Claude Durix der Nyoibo überreicht, den er von seinem Meister erhalten hatte und der auf Ingen Zenji (17. Jh.) zurückgeht.
http://www.start.at/zendo
Das Teisho wurde im März 1999 bei einem Sesshin in Wr.Neustadt (bei Wien) gehalten.

Henry B. Platov: Die Zwiebel
*Dr. med, Dr. theol. **Henry Chikuen Kugai Platov*** (1904–1990), Rinzai-Zen-Meister, Nachfolger von Shigetsu Sasaki Sokei-an. Als amerikanischer Staatsbürger deutscher Herkunft lehrte er in den USA und in der Schweiz.
http://www.zzbzurich.ch
Das Teisho wurde im Sommer 1981 in Zürich gehalten und erstmals veröffentlicht in der Zeitschrift *Dhyana* des Zentrums für Zen-Buddhismus, Zürich, Herbst 1998.

Bernard Glassman: Bodhidharma und die drei Reinen Gebote
Roshi Bernie Glassman, Dharma-Nachfolger von Hakuyu Taizan Maezumi Roshi war Abt der Zen Community of New York und des Zen Center of Los Angeles. Mit seiner Frau, Roshi Sandra Jishu Holmes, gründete er den Zen Peacemaker Orden und die überkonfessionelle Peacemaker-Gemeinschaft. Er ist ebenfalls Mitbegründer des Greyston Mandala, eines Netzwerks von gewinnorientierten und gemeinnützigen Unternehmen, das sich der Gemeinde-Entwicklung in Yonkers, New York, widmet.
http://www.peacemakercommunity.org
Der Vortrag wurde im Mai 1995 im San Francisco Zen Center gehalten.
Ins Deutsche übersetzt von Theo Kierdorf.

Udaka Jiun Hogen: Zehntausend Dharmas und noch mehr
Dharma Udaka Kanromon Jiun Hogen, geb. 1951 in Velsen (Niederlande), ist Dharma-Nachfolgerin von Gesshin Prabhasa Dharma Roshi und 46te Matriarchin in der vietnamesischen Rinzai-Zentradition. Sie leitet das International Zen Institute of America and Europe und unterrichtet seit 1996 Zen im International Zen Center Noorder Poort.
http://www.zeninstitute.org (ab Januar 2001)
Das abgedruckte Teisho wurde im Februar 2000 während eines Sesshin im Zen-Zentrum Noorder Poort (Niederlande) gehalten.

Hung-chih Cheng-chüeh:
Schweigende Erleuchtung/Heiter-gelassenes Widerspiegeln
Hung-chih Cheng-chüeh (1091–1157), Ch'an-Meister der Ts'ao-tung-(Soto-) Schule, bedeutendster Vertreter des Mo-chao-ch'an (Zen der schweigenden Erleuchtung), Autor der Koan-Sammlung *Ts'ung-jung-lu (Book of Serenity.* Hudson, NY: Lindisfarne 1990).
Ins Deutsche übertragen von Wolfgang I Waas; aus: Sheng-yen Chang: *Poetry of Enlightenment.* New York: Dharma Drum Publ. 1992.

Shin'ichi Hisamatsu: Raupe und Schmetterling
Shin'ichi Hisamatsu (1889–1980), lehrte an der Universität Kyoto und war Schüler des Philosophen Kitaro Nishida, des Begründers der Kyoto-Schule. Er versuchte, östliche und westliche Kultur in einem gemeinsamen religionsphilosophischen Zugang zu erfassen, und ist für den Einfluss von Zen auf die westliche Philosophie mitverantwortlich.

Martin Frischknecht: Meditation im Durchzug
Martin Frischknecht, beschäftigt sich als freischaffender Publizist und Herausgeber der Zeitschrift SPUREN (http://www.spuren.ch), Magazin für neues Bewusst-

sein in Winterthur, Schweiz, seit 20 Jahren mit verschiedenen spirituellen Wegen. Seine Reminiszenzen an ein Achtsamkeits-Retreat im Mai 1997 in einer Basler Kirche wurden in einer längeren Fassung erstmals in SPUREN im Sommer 1997 veröffentlicht.

Alltagsgeist ist der Weg
Albert Low: Alltagsgeist ist der Weg
Albert Low begann 1966 bei Roshi Yasutani mit der Zen-Übung, war 20 Jahre Schüler von Roshi Kapleau und wurde von ihm 1986 als Zen-Lehrer autorisiert. Er ist Direktor des Montreal Zen Center in Kanada und Autor zahlreicher Bücher über Zen.
http://www.aei.ca/~zenlow
Der Text ist entnommen: Albert Low: *Wo bist du, wenn ein Vogel singt, Kommentare zum Mumonkan*. Berlin: Theseus Verlag, 1997.

Dainin Katagiri: Verbundenheit
Dainin Katagiri Roshi, in Japan geboren, kam 1963 in die USA zur Zenshuji Soto Zen Mission in Los Angeles, studierte Zen u. a. bei Shunryu Suzuki und wurde 1982 der erste Abt des Minnesota Zen Meditation Center in Minneapolis. Er starb 1990.
Der Text ist entnommen: Dainin Katagiri: *Rückkehr zur Stille, Zen Praxis im täglichen Leben*. Berlin: Theseus Verlag, 1988.

Linda Myoki Lehrhaupt: Wie man Nirvana im Wohnzimmer findet
Dr. Linda Myoki Lehrhaupt, in New York geboren, ist Zen-Priesterin und Dharma-Trägerin (Hoshi) von Genpo Merzel Roshi. Sie ist Vorsitzende der Kanzeon Sangha Deutschland e.V. und ist auch Lehrerin und Ausbilderin für Tai Chi und Qi Gong. Sie lebt in Deutschland und in anderen europäischen Ländern.
http://www.lehrhaupt.com
Der Text wurde in erweiterter Form erstmals abgedruckt in der Zeitschrift *Dao* 1/99 (Sonderheft Buddhismus).

Thich Nhat Hanh: Froschlosigkeit
Thich Nhat Hanh, 1926 in Vietnam geboren, ist Zen-Lehrer, Dichter und einer der führenden und bekanntesten Vertreter eines engagierten Buddhismus. Er lehrt weltweit und lebt seit vielen Jahren im Exil in Frankreich in der von ihm gegründeten spirituellen Gemeinschaft »Plum Village«.
http://www.plumvillage.org
Das Gedicht ist entnommen: Thich Nhat Hanh: *Nenne mich bei meinen wahren Namen, Gesammelte Gedichte*. Berlin: Theseus Verlag, 1997.

Tenshin Reb Anderson: Einfach-nur diese Person
Tenshin Reb Anderson wurde 1970 von Shunryu Suzuki Roshi ordiniert und war von 1986 bis 1995 Abt des San Francisco Zen Center, wo er heute noch als Zen-Lehrer tätig ist, ebenso wie in den angeschlossenen Zentren Green Gulch und Tassajara.
http://www.sfzc.com
Der Text ist entnommen: Tenshin Reb Anderson: *Ein warmes Lächeln vom kalten Berg, Vorträge zur Zen-Meditation.* Berlin: Theseus Verlag, 1998.

Gesshin Prabhasa Dharma: Buddhas Geburtstag
Gesshin Myoko Prabhasa Dharma Roshi, geb. 1931 in Frankfurt a. M, gest. 1999 in Los Angeles, ist 45te Matriarchin in der vietnamesischen Rinzai-Zentradition. Sie lebte vorwiegend in den USA, lehrte aber auch regelmäßig in Europa. 1982 gründete sie das International Zen Institute of America and Europe, 1996 das International Zen Center Noorder Poort in den Niederlanden.
http://www.zeninstitute.org
Das Teisho wurde während des Wüstenretreats in Damma Dena, Joshua Tree (USA), am 8. April 1993 gehalten.

Der höchste Weg ist unbeschwert
Thomas Merton, (1915 – 1968), Trappistenmönch, Wegbereiter eines christlich-buddhistischen Dialogs, Freund von John C. H. Wu und D. T. Suzuki, Autor mehrerer Bücher über Zen und Übersetzer des taoistischen Klassikers *Tschuang-tse.*
Der Textauszug ist entnommen. Thomas Merton: *Zen and the Birds of Appetite.* New York: New Directions Publ. Co.
Ins Deutsche übersetzt von Wolfgang I Waas.

Seng-ts'an: Hsin-hsin-ming (Einprägung des Vertrauens in den Geist)
Seng-ts'an (? – 606), der dritte Patriarch des Ch'an. Außer seiner Schrift *hsin-hsin-ming* ist nichts von ihm erhalten.
Sie wurde ins Deutsche übertragen von Wolfgang I Waas.

Agetsu Wydler Haduch: Die alte Frau und der junge Mönch
Dr. Agetsu Kudo Wydler Haduch ist Rinzai-Zen-Meisterin und Nachfolgerin von Henry Platov. Gründerin des Zentrums für Zen-Buddhismus in Zürich. Sie lehrt Zen vor allem in der Schweiz und in Deutschland und ist Übersetzerin und Autorin diverser Zen-Schriften bzw. -Bücher.
http://www.zzbzurich.ch
Gekürzter Dharmavotrag, gehalten am Zentrum für Zen-Buddhismus in Zürich im Februar 1999.

Bankei Eitaku: Der ungeborene Buddha-Geist

Bankei Eitaku (1622–1693), Initiator einer Erneuerung der japanischen Rinzai-Schule, einige Jahrzehnte vor Hakuin Ekaku. Seine emanzipatorische Haltung ging unter seinen Nachfolgern bald verloren, und er geriet weitgehend in Vergessenheit, bis er Anfang des 20. Jh. (u. a. von D. T. Suzuki) wieder entdeckt wurde.

Der Text ist entnommen aus: Meister Bankei: *Die Zen-Lehre vom Ungeborenen* (Hrsg. von Norman Waddell). © alle deutschsprachigen Rechte by Scherz Verlag, Bern, München, Wien, für den Otto Wilhelm Barth Verlag

Toni Packer: Die Spuren der Anhaftung

Toni Packer, 1927 in Deutschland geboren, war über 10 Jahre Schülerin von Roshi Kapleau. Inspiriert u. a. durch J. Krishnamurti verließ sie die Zentradition und gründete 1981 das Springwater Center for Meditative Inquiry, wo sie seither Meditation jenseits von Bindungen an Tradition und Methoden lehrt.

http://www.servtech.com/~spwtrctr

Der Text wurde erstmals abgedruckt im *Newsletter* des Springwater Center, Frühling 2000.

Ins Deutsche übersetzt von Ursula Richard.

Shunryu Suzuki: An nichts glauben

Shunryu Suzuki (1905 – 1971), kam 1953 in die USA und gründete dort das San Francisco Zen Center sowie Tassajara, das erste Zen-Kloster außerhalb Asiens. Seinem Wirken ist es in erheblichem Maße zu verdanken, dass Zen im Westen Wurzeln fassen konnte.

http://www.sfzc.com

Der Text ist entnommen: Shunryu Suzuki: *Zen-Geist Anfänger-Geist.* Berlin: Theseus Verlag 2000[9].

A.M.A. Samy Gen-un-ken: Tosotsus drei Hindernisse

Arul Maria Arokiasamy Gen-un-ken, 1936 in Burma geboren, trat in Indien dem Jesuitenorden bei, wurde durch Ramana Maharishi sehr inspiriert, lebte eine Zeit lang als Einsiedler und Bettler und studierte in Japan Zen unter Yamada Ko-Un Roshi vom Sanbo Kyodan. 1982 wurde er einer der Dharma-Erben Yamada Ko-Un Roshi. Er leitet das Bodhi Zendo in Südindien und lehrt auch regelmäßig in Europa.

http://www.geocities.com/Tokyo/Gulf/5658

Der Text wurde erstmals veröffentlicht in der Zeitschrift ZEN, Nr.15 /1992 und basiert auf einem Teisho, das A.M.A. Samy Gen-un-ken anlässlich eines Sesshin im August 1992 in De Tiltenberg (Niederlande) hielt.

Ins Deutsche übertragen von Karin Simmler.

Chinul: Susim kyol (Geheimnisse der Geistespflege)
Chinul (1158–1210), Son-(Zen-)Meister. Er ist neben Won-hyo (617–686) die bedeutendste Gestalten des koreanischen Buddhismus. Er gilt als herausragend sowohl wegen seiner Gelehrsamkeit und seines umfassenden Wissens als auch wegen seiner tiefen Einsicht. Er war der Begründer der Kyolsa-Bewegung (religiöse Übungsgemeinschaften von Mönchen und Laien). Ins Deutsche übertragen von Wolfgang I Waas.

Karl Valentin (1882–1948), Münchner Komiker und Schriftsteller mit hintergründigem Wortwitz und beißender Ironie. Den Dialog hörte der Herausgeber vor Jahren in einer Radiosendung und übersetzte ihn dann in eine Sprache, die er für Bayrisch hielt.

Zu den Herausgebern:
Ursula Richard, Lektorin, machte erstmals 1983 Bekanntschaft mit den Freuden und Qualen buddhistischer Meditation. Ein Ende dieser Beschäftigung ist nicht abzusehen. http://www.Theseus-Verlag.de

Wolfgang I Waas, geb. 1945, ist Bibliothekar. Erste Zen-Erfahrungen machte er mit Pater Enomiya-Lassalle, später war er 20 Jahre lang Schüler von Prof. Hungerleider, der als Erster in Europa öffentlich Ch'an/Zen lehrte. Seit 1996 ist er Moderator der Mail-Liste »Zen-Forum« und organisiert das informelle Berg-Retreat im Stil von FAS (nach dem Zen-Philosophen Shin'ichi Hisamatsu). http://www.zenFORUM.de

Abbildungen:
Die Kalligraphien zu: *Offene Weite – nichts von heilig, Alltagsgeist ist der Weg, Der höchste Weg ist unbeschwert* wurden von Karl Obermayer angefertigt und uns für dieses Buch dankenswerterweise zur Verfügung gestellt.
Die Kalligraphien auf den Seiten 25, 37, 69, 117 sind entnommen: Kogetsu Tani/Eido Shimano: *Zen-Wort Zen-Schrift.* Berlin: Theseus Verlag, 1990.
Die Kalligraphie auf S. 11 ist von Wolfgang I Waas und ist die Originalschreibweise des ›I‹ in seinem Namen (chin.: müßig, faul, etwas leicht nehmen, überschreiten, loslassen).